Wolfgang Bühne

Dritte Welle
... gesunder Aufbruch?

clv

Christliche
Literatur-Verbreitung e.V.
Postfach 110135 · 4800 Bielefeld 11

Postfach 110135 · 4800 Bielefeld 11
Satz: CLV/Typoservice Bielefeld
Umschlag: D. Otten, Bergneustadt
Druck und Bindung: Elsnerdruck Berlin

ISBN 3-89397-163-7

Inhalt

Einleitung

Die „Dritte Welle" – größte Erweckung der Kirchengeschichte?

„Ich bin überzeugt, daß wir im 20. Jahrhundert die weitreichendste Ausgießung des Heiligen Geistes auf die gesamte Christenheit erleben, die jemals in der Geschichte vorgekommen ist. Zumindest in der Quantität, wenn nicht auch in der Qualität, überflügelt das sogar das erste Jahrhundert."(1)

C.P. Wagner

„Gott ist im Augenblick dabei, das Amt des Propheten wieder einzuführen. In den kommenden Jahren wird der Prophet eine grundlegende Rolle im Beginn und in der Aufrechterhaltung der Erweckung spielen...

Gott ist auch dabei, das apostolische Amt in der Kirche wieder einzuführen. Es werden Männer auftreten, die den Herrn Jesus Christus gesehen haben und welche die Zeichen und Wunder eines Apostels tun werden. Wir haben Männer dieser Art seit dem ersten Jahrhundert nicht mehr gehabt. Doch wenn Gott diese zu Beginn verwendet hat, warum sollte er sie nicht am Ende gebrauchen?...

Weiter wird es ein neues Verständnis des Übernatürlichen geben. Engelerscheinungen in Versammlungen werden zum Normalen gehören und auch der Herr selbst wird in den kommenden Wochen, Monaten und Jahren erscheinen. Heilungen werden so selbstverständlich werden, daß sogar Kinder imstande sein werden, sie regelmäßig durchzuführen ... sogar Auferstehungen von den Toten werden zum Allgemeingut werden...

Ihr werdet Heilungsevangelisten erleben, die ihre Hände hoch-

heben und Licht wird aus ihren Händen hervorgehen. Wenn dieses Licht irgendjemanden trifft, der krank ist, dann wird er sofort geheilt sein. Ihr werdet amputierte Arme und Glieder nachwachsen sehen, wenn das Licht aus der Hand des Evangelisten sie trifft...“[2]

John Wimber

Mit diesen Sätzen charakterisieren C. Peter Wagner und John Wimber eine Bewegung, die sie selbst die „Dritte Welle des Heiligen Geistes“ oder „power evangelism“ genannt haben.
Nachdem es in den letzten Jahren diesbezüglich relativ ruhig geworden ist, werden in den kommenden Monaten die beiden Führer dieser Bewegung – C.P. Wagner und John Wimber – mit ihren Großveranstaltungen in Europa die charismatische und evangelikale Presse mit Schlagzeilen füllen und in vielen Gemeinden für heftige Meinungsverschiedenheiten sorgen.
Es stehen den Evangelikalen im deutschsprachigen Raum also recht „heiße“ Monate bevor.

Diese „Welle“ – Anfang der 80er Jahre von Kalifornien ausgehend – versteht sich als eine „Einheit schaffende Bewegung, in welcher Spaltungen um jeden Preis verhindert werden“[3]. Doch die Theologie der „Dritten Welle“ beinhaltet Theorien und Praktiken, die von bibelorientierten Christen sehr kontrovers diskutiert werden. Da aber die „Dritte Welle“ viele Gesichter hat und mit teilweise international bekannten evangelikalen Persönlichkeiten auftritt, sind nicht nur schlichte Gemeindeglieder, sondern auch verantwortliche Mitarbeiter mit der Beurteilung der auf uns zukommenden Wellen von „neuen“ Theorien und Praktiken oftmals überfordert.

Das Verhältnis zwischen Evangelikalen und Pfingstgemeinden war in den vergangenen Jahrzehnten einigermaßen klar und überschaubar. Mit der Charismatischen Bewegung seit den 60er Jahren wurde die Beurteilung schon schwieriger. Die „Dritte Welle“ jedoch mit ihren fließenden Grenzen, unklaren Konturen und ihrem breiten, sich teilweise widersprechenden Meinungsspektrum macht eine Beurteilung sehr schwer.

Auf dem Gemeinde-Kongreß in Nürnberg z.B. werden neben C.P. Wagner 40 namhafte Referenten aus dem In- und Ausland Vorträge halten. Unter ihnen sind bekannte Charismatiker, welche die Geistestaufe mit dem Kennzeichen der Zungenrede predigen, dann auch bekannte Evangelikale, die – wie ich annehme – aufgrund ihrer lutherischen Prägung diese Auffassungen über Geistestaufe nicht teilen, sich aber dennoch in den letzten Jahren eindeutig mit der „Gemeindewachstumsbewegung“ und der „Dritten Welle“ solidarisiert haben.

Schließlich findet man in Nürnberg auch Referenten, die man dort nicht erwartet hätte und von denen man weiß, daß sie persönlich die Theorien und Praktiken der „Dritten Welle“ nicht vertreten. Ob sie aus irgendwelchen Verpflichtungen oder Verflechtungen heraus sich der Einladung nicht entziehen konnten, oder ob sie wie die Geladenen Absaloms „in ihrer Einfalt gingen und um nichts wußten“ (2. Sam. 15,11), entzieht sich der Beurteilung.
Tatsache ist, daß sie – ebenso wie die an der Ausstellung beteiligten 200 Organisationen, Verlage und Bibelschulen – dieser Veranstaltung einen vertrauenswürdigen Eindruck vermitteln und eine Bewegung unterstützen, die sich als die größte Erweckungsbewegung der Kirchengeschichte vorstellt. Die Frage ist, ob es außer den großen Zahlen noch weitere Gemeinsamkeiten mit biblischen Erweckungen gibt.

Bitte prüfen Sie daher die folgenden Ausführungen über die Geschichte, Lehren und Praktiken der „Dritten Welle“. Ich habe versucht, sachlich und fair zu berichten und die Zitate nicht sinnentstellt oder aus dem Zusammenhang gerissen wiederzugeben.
Leider sind nicht viele Charismatiker bereit, sich kritischen Fragen zu stellen. John Wimber z.B. hat offen erklärt, daß er grundsätzlich keine kritischen Abhandlungen über seine Person und Bücher liest, weil Gott ihm das geboten habe. Solche Bücher würden ihn nur entmutigen und bitter machen. Damit entzieht er sich aber der Geistesgabe der „Unterscheidung der Geister“ (1. Kor. 12,10), die Gott der Gemeinde zur Korrektur und zum Schutz gegeben hat.

C.H. Spurgeon hat einmal gesagt, daß er aus der Kritik seiner Gegner mehr gelernt habe, als aus den Schmeicheleien seiner Verehrer. Wir alle sollten dankbar für Korrektur sein, weil wir meist blind für unsere eigenen Fehler sind.

Mit Nachdruck möchte ich betonen, daß mir bewußt ist, daß grundsätzlich Fehlentwicklungen in der Christenheit eine Folge unserer Untreue sind. Als „konservative Evangelikale“ bekennen wir zwar, bibeltreu zu sein, aber leider haben wir oftmals wichtige Lehren der Bibel nicht beachtet und in der praktischen Liebe und Hingabe zu Christus versagt.
Von daher sind und bleiben die „drei Wellen des Heiligen Geistes“ für uns alle eine Herausforderung und ein Prüfstein, inwieweit wir treu mit dem umgegangen sind, was Gott uns in Seinem Wort anvertraut hat.

Die „drei Wellen des Heiligen Geistes“ im Überblick

Bevor ich auf die Entstehungsgeschichte, Theologie und Praxis der “Dritten Welle“ eingehe, möchte ich einen kurzen Überblick über die Geschichte der sog. “drei Wellen des Heiligen Geistes“ geben, um die Gemeinsamkeiten, aber auch die Unterschiede der “drei Wellen“ zu zeigen.

Führer der heutigen Charismatischen Bewegung und Gemeindewachstumsbewegung (1) teilen ihre Geschichte in drei große Perioden ein, die sie mit „Wellen des Heiligen Geistes“ bezeichnen. Unter einer Welle verstehen sie eine außerordentliche Bewegung, die eine große und besondere Menschenschicht erreicht und das bestehende geistliche Klima wesentlich verändert.

Die erste Welle – die Pfingstbewegung

Die erste Welle hat – so sagt man – vor etwa 90 Jahren, also um die Jahrhundertwende, auf fast allen Kontinenten die Christenheit bewegt und zur Entstehung der Pfingstgemeinden geführt.

Damals wurden die Lehren und Praktiken in bezug auf Geistestaufe, Zungenreden, usw. von einem großen Teil der Evangelikalen zunächst dankbar als eine Antwort auf ihre Bitte um Erweckung begrüßt. Als es dann aber an einigen Orten zu merkwürdigen Entgleisungen kam, wurde die Bewegung besonders in Deutschland von führenden Evangelikalen sehr kritisch beurteilt und teilweise scharf abgelehnt, so daß die Geschwister, welche diese „Welle“ als von

Gott geschenkt ansahen, mehr oder weniger gezwungen waren, ihre neuen Erkenntnisse und Erfahrungen in eigenen Kreisen, den etwa 1909 entstandenen Pfingstgemeinden, zu praktizieren.

Die zweite Welle – die Charismatische Bewegung

Etwa 50 Jahre später – also um 1960 – begann die von den USA ausgehende zweite Welle, die sich zunächst auf die Episkopalkirche (Dennis Bennet), dann auf die Lutherische Kirche (Larry Christenson), die meisten Freikirchen und etwa seit 1966 auch auf die katholische Kirche erstreckte. Die Erfahrungen der „Geistestaufe" bzw. „Geisterneuerung" usw. werden seitdem öffentlich praktiziert und gelehrt.

In Deutschland begann diese Bewegung, die bald „Charismatische Bewegung" genannt wurde, etwa um 1963. Damals waren es vor allem Pfarrer Arnold Bittlinger (der damalige Leiter des Volksmissionarischen Amtes der Pfälzischen Landeskirche) und der Baptistenprediger Wilhard Becker (Leiter der Ruferbewegung), die in Deutschland den Boden für die zweite Welle vorbereitet haben.

Ziel der Charismatischen Bewegung war nicht die Bildung neuer charismatischer Gemeinden, sondern die Verbreitung charismatischer Erfahrungen in allen bestehenden Volks- und Freikirchen.

Heute kann man sagen, daß sich die Evangelische und Katholische Kirche und die meisten Freikirchen der Charismatischen Bewegung geöffnet haben, auch wenn in einzelnen Ortsgemeinden dieser Kirchen ein anderer Standpunkt vertreten wird und man sich gegen eine charismatische Durchdringung wehrt.

Die dritte Welle

Die dritte Welle, bekannt als „power evangelism", begann Anfang der 80iger Jahre und geht vor allem von der Gemeindewachstumsbewegung in Verbindung mit C. Peter Wagner und John Wimber aus. Auch diese Welle hat interessanterweise, wie die beiden vorausgegangenen, ihren Ausgangspunkt in Kalifornien. Sie vermeidet allerdings weitgehend die Begriffe „pfingstlerisch" oder „charismatisch" und zielt auf die Gruppen, die bisher von keiner „Welle" erfaßt wurden: Die Fundamentalisten und konservativen Evangelikalen, die bisher nichtcharismatisch sind[(2)].

> „Eines der Merkmale der Dritten Welle ist das Fehlen von Uneinigkeit schaffenden Elementen. Viele Gemeinden, die weder aus der Pfingstbewegung kommen noch einen charismatischen Hintergrund haben, fangen an, für Kranke zu beten, und erleben Gottes heilende Kraft." [(3)]

Mit dieser „dritten Welle" soll das letzte Bollwerk fallen, das den beiden ersten Wellen widerstanden hat.

Hier in Deutschland sind das vor allem die Gemeinschaftskreise, welche im Gnadauer Verband zusammengeschlossen sind, einzelne fundamentalistische Freikirchen und die sog. „Brüderbewegung" (sog. „Dispensationalisten"*), die als besonders hartnäckig und resistent eingestuft werden.

Zusammenfassung

Man kann die Geschichte der Pfingst- und Charismatischen Bewegung in drei große Perioden gliedern:

1. Die Entstehung und Verbreitung der Pfingstgemeinden in aller Welt ab etwa 1900.
2. Der Beginn und die Verbreitung der Charismatischen Bewegung innerhalb der bestehenden Volks- und Freikirchen ab 1960.
3. Der Beginn von „power evangelism" in Verbindung mit der Gemeindewachstumsbewegung etwa um 1980, wodurch vor allem die bisher nichtcharismatischen Gemeindegruppen erreicht werden sollen.

* Dispensationalismus nennt man die Lehre von den verschiedenen „Heilszeiten" oder „Haushaltungen", in denen sich Gott auf verschiedene Weise offenbart hat. Dispensationalisten unterscheiden vor allem die Gemeinde Jesu von dem Volk Israel, während Gegner des Dispensationalismus in der Gemeinde Jesu die Fortsetzung Israels sehen und daher alle Verheißungen für Israel (Tausendjähriges Reich usw.) auf die Gemeinde beziehen.
Bekannte Vertreter des Dispensationalismus: J.N. Darby, E. Sauer, C.I. Scofield (Scofield Bibel), Ch.C.Ryrie (Dallas Theological Seminary).

„Power evangelism“ – die dritte Welle

Etwa um 1980 schien die Charismatische Bewegung – weltweit gesehen – ihren Höhepunkt überschritten zu haben. Manche sprachen bereits von einer „nach-charismatischen Zeit“, und der englische Evangelist und Autor David Watson, der regelmäßig Seminare über Evangelisation und Erneuerung am „Fuller Theological Seminary“ durchführte, nannte 1980 John Wimber gegenüber folgende Anzeichen der Stagnation:

- Schwindende Besucherzahlen bei Konferenzen in den USA und auch in Großbritannien,
- Spaltungen unter den Leitern,
- ein allgemeines Unbehagen, das durch Entmutigung und Unzufriedenheit gekennzeichnet ist.(1)

Doch genau mit diesem Jahr, in dem die „Welle“ der Charismatischen Bewegung an Dynamik verlor, begann die Epoche der „Dritten Welle des Heiligen Geistes“ – Zielgruppen sind die bisher von den ersten beiden „Wellen“ nicht erreichten „konservativ-evangelikalen, nicht-charismatischen“ Gemeinden.

Die Vorgeschichte dieser „Welle“ ist eng mit dem Namen zweier Männer verbunden, die diese Bewegung geprägt haben: C. Peter Wagner und John Wimber.

C. Peter Wagner

C. P. Wagner wird als „Vater“ der weltweiten Gemeindeaufbaubewegung vorgestellt. Er ist Gründungsmitglied der Lausanner Bewegung, war zeitweise Präsident des Lausanner Kommitees und doziert seit 1971 als Professor am „Fuller Theological Seminary“ in Pasadena (Kalifornien). Er hatte bereits 16 Jahre Missionsdienst in Bolivien hinter sich, als er 1967 Donald McGavran, den Gründer der „Fuller School of World Mission“ und Gründer der Gemeindeaufbaubewegung, kennenlernte. Rückblickend auf seinen Missionsdienst äußerte Wagner, daß er sich nicht an eine einzige Situation erinnern könne, wo die Kraft des Heiligen Geistes durch ihn „hindurchgeflossen wäre, um Kranke zu heilen oder Dämonen auszutreiben“(2).

Er selbst nannte neben mangelndem Glauben und halbherziger Hingabe vier weitere Hindernisse, die er für die Ursachen seiner Kraftlosigkeit hielt:

1. „Ich war ‚Dispensationalist‘... ich war gründlich gelehrt worden, daß Zeichen und Wunder, seit es den Kanon der Schrift gab, nicht mehr nötig wären, um die Aufmerksamkeit der Ungläubigen auf Jesus zu ziehen...
2. Ich hatte eine antipfingstlerische Haltung. In meinen Kreisen war es üblich, die Pfingstler als Betrüger zu betrachten... die Theologie der Pfingstler erschien uns einfach zu oberflächlich...
3. Ich hatte eine eingeschränkte Vorstellung von Gottes Kraft...
4. Meine Weltanschauung war vom säkularen Humanismus geprägt... Ich weiß noch, wie ich glaubte, ein Teil meiner Missionsarbeit bestände darin, die Eingeborenen zu überzeugen, daß Krankheiten durch Bazillen verursacht würden und nicht durch böse Geister, wie sie in ihrem Aberglauben annahmen...“(3)

Weiter nennt C.P. Wagner vier Gründe dafür, warum er heute kein Dispensationalist mehr ist und weshalb er seine Haltung den Pfingstlern gegenüber geändert hat:

1. Eine Begegnung mit Stanley Jones
   Mitte der 60er Jahre, als Wagner noch „seperatistischer Fundamentalist“ war, wurde Jones, der bekannte Indienmissionar, nach Bolivien eingeladen. Wagner, der zu dieser Zeit an einer eiternden, nicht heilenden Operationswunde litt, besuchte sehr skeptisch eine Predigt Jones, nach welcher dieser anschließend für anwesende Kranke betete. Am folgenden Morgen war die Wunde Wagners geheilt.

2. Die Beobachtung von wachsenden Gemeinden
   C.P. Wagner hatte von D. MacGavran gelernt, Wachstumsprinzipien zu entdecken, und untersuchte Ende der 60er Jahre das explosionsartige Wachstum einer Pfingstgemeinde in Chile, wobei ihm sein eigener Standpunkt immer zweifelhafter wurde. 1971 unterrichtete Wagner am „Fuller Seminary“ und schrieb als Ergebnis seiner bisherigen Wachstumsstudien das Buch „Spiritual Power and Church Growth“.

3. Mitarbeit in einer Pfingstgemeinde
   Mitte der 70er Jahre unterrichtete Wagner über einen längeren Zeitraum in einer klassischen Pfingstgemeinde („Church of God“) die Prinzipien des Gemeindewachstums. Dabei erkannte er an den Männern und Frauen, die er unterrichtete, „Dimensionen der Kraft Gottes“, nach denen er sich sehnte. „Jedesmal, wenn ich von dieser Gemeinde nach Hause kam, war ich geistlich erfrischt. Manchmal wünschte ich mir, ich wäre auch ein Pfingstler!“[(4)]

4. John Wimber taucht auf
   1975 lernte er J. Wimber kennen, der damals noch

Pastor einer Quäkergemeinde war und sich für einen Kurs über Gemeindeaufbau angemeldet hatte. Am Ende der zweiten Woche erkannte Wagner die Begabung Wimbers als Leiter und Berater für Gemeindeaufbau und überredete ihn, seine Gemeinde zu verlassen und sein Mitarbeiter am neuaufgebauten „Fuller Institut of Evangelism and Church Growth" zu werden.
Es entwickelte sich nun eine enge Freundschaft zwischen Wimber und Wagner, die auch bestehen blieb, als Wimber zwei Jahre später seine Mitarbeit aufgab, um die „Vineyard Christian Fellowship" in Anaheim zu gründen.
1982 wurde C.P. Wagner beauftragt, einen Kurs über „Zeichen und Wunder" an der „School of World Mission" durchzuführen. Die Verantwortung dafür sollte er als Professor übernehmen, die Vorlesungen sollte J. Wimber halten. Dieser Kurs wurde unter dem Namen „MC510" weit bekannt.
Wimber vermittelte jedoch nicht nur trockene Theorie, sondern verband seinen Unterricht mit praktischen Übungen im Gebets- und Heilungsdienst. Wagner selbst wurde bei einem solchen Dienst von seinem hohen Blutdruck befreit und begann nun selbst Kranken die Hände aufzulegen und für sie zu beten.

Die „Dritte Welle"

Nachdem C.P. Wagner sich nun endgültig von „anticharismatischen" Vorurteilen befreit hatte, leitete er in der „nichtcharismatischen" traditionellen „Lake Avenue Congregational Church" eine Sonntagschulklasse von Erwachsenen, in welcher er mit zwei Schülern Wimbers einen „wirkungsvollen Heiligungsdienst" begann.

„Ich bemerkte Gaben der Fürbitte, der Seelsorge, der Heilung, der Dämonenaustreibung, der Prophetie, der Organisation, Unterscheidung der Geister, Worte der Erkenntnis und anderes mehr.“(5)

Da man diese Klasse nicht als „charismatisch“ bezeichnen wollte und doch eine alternative Bezeichnung brauchte, prägte man den Begriff „Dritte Welle“. „Damit wollen wir ausdrücken, daß wir ähnlich wie die Pfingstbewegung (die erste Welle) und die Charismatische Bewegung (die zweite Welle) Gottes übernatürliche Kraft erfahren, jedoch nicht Teil dieser beiden ersten Wellen sind und sein wollen.“(6)

Interessant ist, wie C.P. Wagner seinen besonderen Auftrag sieht und auf welche Weise ihm seine ‚Berufung‘ deutlich wurde:

„Ob der Name ‚Dritte Welle‘ sich durchsetzt oder nicht, wird sich herausstellen. Der Dienst wurde jedoch im November 1983 von verschiedenen Seiten bestätigt. Ich bekam unabhängig voneinander von ganz unterschiedlichen Menschen fünf Prophetien, die alle etwas Ähnliches besagten. Gott hat mich offensichtlich dazu berufen, sein Botschafter zu sein. Damit die Gemeinde Jesu Christi aufgebaut wird, soll ich denen Gottes Macht verkündigen, die bisher keinerlei Erfahrung damit gemacht haben. Und ich soll diesen Dienst in einer ‚nichtpfingstlerischen‘ und ‚nichtcharismatischen‘ Weise tun. Die Prophetien enthielten jedoch auch eine Warnung vor den Angriffen des Feindes... Der Herr hatte mich nämlich auch wissen lassen, daß ich auf Satans schwarzer Liste ziemlich weit oben stünde. Im Januar 1983 wurde nach einem Seelsorgegespräch mit John Wimber die Kraft eines bösen Geistes gebrochen, der mir seit Jahren Kopfschmerzen verursacht hatte, die mich sehr behinderten. Im März versuchte der Teufel, mich zu töten, indem er mir eine Leiter unter den Füßen wegzog ...Dieses Ereignis weckte in uns die Vermutung, daß der Feind böse Geister in unser Haus geschickt hatte. Dies bestätigte sich später, als meine Frau Doris in unserem Schlafzimmer tatsächlich einen solchen Geist sah. Unter der Führung des Heiligen Geistes gebrauchten George Eckart und Cathy Schaller die Gaben der Unterscheidung und der Dämonenaustreibung und reinigten das Haus von mehreren bösen Geistern. Seit der Zeit wurden wir nicht mehr belästigt."[(7)]

1984 kam Yonggi Cho, Pastor der „weltgrößten" Kirche („Central Gospel Church" in Seoul), um als langjähriger Freund Wagners die jährlichen Vorlesungen über Gemeindeaufbau zu halten. Cho hatte davon gehört, daß Wagner inzwischen die besondere Gabe hätte, „durch Gebet Beine zu verlängern" und wurde Augenzeuge, wie durch das Gebet Wagners das verkrüppelte Bein eines koptischen Pastors geheilt wurde. „Gott wirkte nachhaltig, das Bein wuchs, und zum ersten Mal seit dem Unfall konnte der Pastor darauf stehen."[(8)]

C.Peter Wagner hat als Nachfolger Donald McGavrans inzwischen 30 Werke veröffentlicht, die vor allem die Themen „Gemeindewachstum" und „Mission" behandeln. Auch in der deutschen Gemeindewachstumsbewegung ist er als der „führende Denker der weltweiten Gemeindeaufbaubewegung"[(9)] durch seine Bücher „Die Gaben des Geistes für den Gemeindeaufbau", „Der gesunde Aufbruch" und durch zahlreiche Artikel in „Gemeindewachstum" bekannt geworden.

John Wimber

Wolfram Kopfermann, der J. Wimber als „eine Leitfigur innerhalb der Christenheit des Westens“ bezeichnet, hat aus seiner Sicht die Bedeutung Wimbers mit folgenden Sätzen beschrieben:

> „In seiner Person begegnen sich drei für die Zukunft des Protestantismus wichtige Ströme: die evangelikale Bewegung, von der Wimber herkommt und der er sich weiter zurechnet; die Gemeindewachstumsbewegung, zu deren begabtesten Repräsentanten in den USA er bis heute gerechnet wird, und die Heilig-Geist-Bewegung des 20. Jahrhunderts, in deren vorderster Reihe er seinen Dienst tut. So könnte er für viele zu einer integrierenden Gestalt werden.“(10)

Wimber selbst erzählt, daß er als Heide in der 4. Generation erzogen wurde und als junger Mann Musik zu seinem Lebensinhalt wählte. Er stieg ins Musikgeschäft ein und machte als Jazz- und Rock-'n'Roll-Musiker Karriere. 1962 geriet er in eine Krise, als sich seine Frau Carol mit ihren drei Kindern von ihm trennte und mit Scheidung drohte. In seinem Kummer begann John eine religiöse Erfahrung zu suchen und fing an zu beten. Seine Frau gab ihm darauf eine neue Chance, verband aber als Katholikin ihr Angebot mit der Forderung, sich in der kath. Kirche trauen zu lassen.
Kurze Zeit später kamen Wimber und seine Frau durch einen Hauskreis zum Glauben und traten darauf in eine Quäker-Gemeinde ein, in der John bald zweiter Pastor und Carol Älteste wurde.
John begann kurz nach seiner Bekehrung in Zungen zu reden, wurde aber damals von seiner Frau gewarnt. Siebzehn Jahre später hatte Carol Wimber einen Traum, in

dem sie eine Predigt gegen den Gebrauch von Geistesgaben hielt. Beim letzten Punkt wurde sie jedoch von einem Hitzeschlag getroffen:

> „Die Hitze durchlief meinen ganzen Körper und kam schließlich aus meinem Mund heraus. Ich wachte auf und sprach in einer anderen Sprache."[11]

Während dieser Zeit war John am Fuller-Institut für Evangelisation und Gemeindewachstum tätig.

1976 begannen die Wimbers innerhalb der Quäkergemeinde mit einem Hauskreis, dem bald 125 Personen angehörten. 1977 verließ Wimber mit etwa 150 Leuten die Quäker und gründete eine Gemeinde, die sich heute „Vineyard Christian Fellowship" nennt und deren Pastor er wurde. 1988 gehörten bereits über 235 Gemeinden mit etwa 80.000 Mitgliedern zu dieser Gemeinschaft.

In den folgenden Monaten hatten die Wimbers den Eindruck, daß ihnen die Kraft Gottes noch fehlte, und so begannen sie darum zu beten.

Eines Tages, nachdem John über Geistestaufe gelehrt hatte, betete er auf Wunsch der Zuhörer mit ihnen unter Handauflegung. Carol berichtet davon:

> „Von seinen Händen strömte eine unglaubliche Kraft. Wenn er Menschen berührte, fielen diese einfach um. Für John war es, als ob aus seinen Händen eine geistliche Kraft ausströmte, ähnlich wie Elektrizität. Es war das erste Mal, daß John tatsächlich fühlte, wie Kraft von ihm ausging."[12]

Wenige Tage später erlebte John, daß auf sein Gebet hin ein junges Mädchen geheilt wurde – ihr zu kurzes Bein begann zu zittern und zu zucken, bis es die normale Länge hatte. Als sich John nach dieser Heilung zu Hause mit seiner Frau austauschte, sagte er zu ihr, während er sich ein Glas Milch einschenkte: „Ich glaube, wenn man das Wort Gottes lehrt, dann wird der Heilige Geist…“ Weiter kam John nicht; nachdem er „Heiliger Geist“ gesagt hatte, sackten ihm plötzlich die Beine weg und er konnte sich nur noch gerade an der Theke festhalten. Er schaute erstaunt und lachend zu Carol auf und sagte: „Ich glaube, wir werden noch einiges erleben, Carol.“[(13)]

Die Geburtsstunde von „power evangelism“

Muttertag 1981 war es dann soweit: die Gemeinde war auf 700 Mitglieder angewachsen und erlebte, daß auf das Gebet eines jungen Mannes hin Hunderte von jungen Leuten plötzlich zitterten, umfielen und in Zungen redeten. Als Carol in die Nähe dieser „Erschlagenen“ kam, spürte sie die Kraft, die von ihren Körpern ausging: „…es war so etwas wie Hitze oder Elektrizität.“[(14)]
John, der zuerst sehr unsicher war, wie er die Geschehnisse beurteilen sollte, verbrachte die folgende Nacht damit, in Büchern und in der Bibel zu lesen, um eine Erklärung zu finden. Schließlich, um fünf Uhr morgens, schrie er zu Gott: „Herr, wenn dies alles von dir ist, dann laß es mich bitte wissen.“ Unmittelbar danach klingelte das Telefon und ein befreundeter Pastor meldete sich mit den Worten:

> „Verzeih, daß ich dich schon so früh anrufe, aber ich muß dir etwas Merkwürdiges sagen. Ich weiß auch nicht, was es bedeutet, aber Gott hat mir gesagt, ich soll dir sagen: Es ist von mir, John.“[(15)]

Diesen Anruf sah John als die Bestätigung Gottes an, und alle Zweifel wichen. Seitdem sind „Zeichen und Wunder das erste, was den Besuchern unserer Gemeinde ins Auge fällt“[(16)].

1983 gründete Wimber die Organisation „Vineyard Ministries International", die Veranstaltungen im In- und Ausland zu den Themen Gemeindewachstum, „power evangelism", Heilungsdienst und Vollmächtiges Gebet durchführt. In Europa fanden in den vergangenen Jahren Konferenzen in England, Schottland, Irland, Frankreich, Schweden, Deutschland und in der Schweiz statt.
Nach eigenen Angaben hat J. Wimber mit seinem Team in Europa etwa 100.000 kirchliche Mitarbeiter schulen können. Die Zahl der Teilnehmer seiner Konferenzen schätzt er weltweit auf etwa 400-500.000.

Die Zielrichtung der „Dritten Welle"

Sowohl C.P. Wagner, als auch J. Wimber stimmen in der Überzeugung überein, daß die „ Dritte Welle" vor allem die konservativen, nichtcharismatischen Evangelikalen erreichen soll, die bisher von den beiden ersten Wellen nicht oder nur kaum berührt wurden.

John Wimber:

> „Das Gesicht der evangelikalen Gruppen und Gemeinden ist dabei, sich zu verändern, und es verändert sich schnell. Fundamentalisten und konservative Evangelikale, die nichtcharismatisch sind, können es sich nicht mehr leisten, die beiden ersten Wellen des Heiligen Geistes in diesem Jahrhundert zu ignorieren... Die meisten Fundamentalisten, wenn auch nicht alle, stehen außerhalb der beiden ersten großen Wellen des Heiligen Geistes und halten an einer fünfzig Jahre alten Kritik über pfingstliche Exzesse fest. Ich glaube, daß viele in ihrer Opposition gegen Pfingstler und Charismatiker um so lauter werden, je stärker das Wirken des

Heiligen Geistes um sie herum anwächst. Einige werden jedoch auch gesalbt und umgewandelt werden.

Die zweite Gruppe, die konservativen Evangelikalen, zeigt bereits Anzeichen dafür, daß sie das Ziel der neuen Welle ist, der dritten Welle des Wirkens des Heiligen Geistes in diesem Jahrhundert. Mit konservativ-evangelikal bezeichne ich eine Gruppe der Evangelikalen, die nichtcharismatisch, aber nicht unbedingt anticharismatisch ist. Zu dieser Gruppe habe ich viele Jahre lang gehört."[17]

C.P. Wagner:

„Die ‚Dritte Welle' begann um 1980, als sich eine zunehmende Anzahl traditionell evangelikaler Gemeinden und Einrichtungen für das übernatürliche Wirken des Heiligen Geistes zu öffnen begann, obwohl sie weder Pfingstler noch Charismatiker waren, noch dies werden wollten."[18]

Unterschiede zu den ersten beiden Wellen

J. Wimber sieht einen wesentlichen Unterschied zu den ersten beiden Wellen darin, daß in der „Dritten Welle" nicht nur hauptsächlich „hauptamtliche Pastoren" (Erste Welle) und „laienverantwortliche" Hauskreis- und Zellgruppenleiter (Zweite Welle), sondern „alle Christen für den Dienst in der Kraft Gottes ausgerüstet" werden.

„Anstatt nur Evangelisten, Heilungsprediger oder Hauskreisleiter auszubilden, werden in der ‚Dritten Welle' alle Christen für den Dienst in der Kraft des Geistes ausgerüstet, besonders für persönliche Evangelisation und göttliche Heilung."[19]

„Wenn ich einer der Leiter der ‚Dritten Welle' bin und wenn der Dienst der Vineyard-Gemeinden charakteristisch ist für das, was die ‚Dritte Welle' ausmacht, dann ist dies eine Welle der Ausrüstung. Mit ‚Ausrüstung' meine ich, daß es eine Welle ist, in der alle Christen ermutigt werden, für Kranke zu beten und alle Gaben einzusetzen. Aus diesem Grunde führe ich Schulungsseminare und nicht Heilungsgottesdienste durch. Mein Ziel ist, daß der ganze Leib Christi den Dienst der Heilung aufnimmt. Ich möchte nicht, daß er auf einige wenige Glaubensheiler beschränkt bleibt."[(20)]

C.P. Wagner nennt als besonderes Merkmal im Unterschied zu den beiden ersten Wellen „das Fehlen von Uneinigkeit schaffenden Elementen"[(21)]. Weiter sagt er: „Ein Haupterkennungsmerkmal der ‚Dritten Welle' ist es, Spaltungen um jeden Preis zu vermeiden."[(22)]

Wimber ist besonders von diesem Aspekt begeistert, weil seine „höchste Priorität der Wunsch nach Frieden und Einheit im Leib Christi" ist und zitiert D.G. Bloesch:

„Der einzige geistliche Weg zu dieser Einheit (unter Christen) ist eine Rückkehr zu der Botschaft und Lehre der Bibel mit gleichzeitiger Zuhilfenahme der Tradition der gesamten Kirche."[(23)]

Also Bibel und Tradition, das alte Prinzip der röm. kath. Kirche, soll diese Einheit möglich machen. Daher findet man in Wimbers Büchern kaum ein abgrenzendes Wort und man wundert sich dann auch nicht, wenn er als kirchengeschichtliche Kronzeugen für „power evangelism" sowohl Papst Gregor I., Tertullian (Montanist), Ignatius von Loyola (Gründer der Jesuiten) als auch die Wunderheilungen in Lourdes heranzieht.

Die beiden Offenbarungsquellen: Bibel und christliche Erfahrung“

Zur Beurteilung der „Dritten Welle“ ist es sehr wichtig zu wissen, daß C.P. Wagner und J. Wimber nicht nur Bibel und Tradition, sondern auch Bibel und Erfahrung als die beiden Offenbarungsquellen der Theologie bezeichnen.

John Wimber:

> „Einige Wahrheiten in der Bibel können wir erst dann verstehen, wenn wir bestimmte Erfahrungen gemacht haben. Ich habe festgestellt, daß dies auch für „Heilung“ zutrifft. Als ich noch nicht erlebt hatte, daß Menschen geheilt werden, konnte ich viele der Schriftstellen über Heilung nicht verstehen... So gebraucht Gott also unsere Erfahrungen, um uns ein größeres Verständnis von dem zu vermitteln, was er in der Schrift lehrt. Und vielfach veranlaßt er uns durch Erfahrungen, Elemente unserer Theologie und Weltanschauung über Bord zu werfen oder sie zu verändern.“[(24)]

C.P. Wagner:

> „Theologie ist im Grunde nicht mehr und nicht weniger als ein menschlicher Versuch, das Wort und das Handeln Gottes in einer vernünftigen und systematischen Weise zu erklären. Die zwei wesentlichen Quellen hierfür sind die Bibel und die christliche Erfahrung.“[(25)]

Diese Überzeugung ist auch der Grund dafür, daß neuerdings viel von einer „intimen Gemeinschaft mit Jesus“ die Rede ist, welche die Voraussetzung dafür sei, besondere „Offenbarungen“ und „Worte der Erkenntnis“ zu bekommen.

Das Erscheinungsbild

Wenn der bekannte evangelikale Theologe J.I. Packer die Charismatische Bewegung charakterisiert als „eine Art Chamäleon, das sich der theologischen und frommen Färbung seiner Umgebung anpaßt und die Farbe ändern kann, wenn sich diese Faktoren verändern“[26], so trifft dieser Vergleich auch auf die „Dritte Welle“ und besonders auf J. Wimber zu. Um die Zielgruppe der konservativen Nichtcharismatiker zu erreichen, hat Wimber beste Voraussetzungen. Er kennt die Denk- und Argumentationsweise der Evangelikalen und Fundamentalisten und bezeichnet sich sogar selbst als „Dispensationalist“[27], obwohl er die für die meisten Dispensationalisten nicht zu akzeptierende Auffassung vertritt: „Im NT ist Israel mit der Kirche Christi identisch“[28] und in den Dispensationalisten die hartnäckigsten Gegner seiner Auffassungen sieht.

> „Die hartnäckigsten Verfechter der Lehre vom Aufhören der Zeichen und Wunder sind die Dispensationalisten. Sie glauben an bestimmte Heilszeiten: Zeiträume innerhalb der Geschichte, in denen Gott auf besondere Weise wirkte. Durch die Scofield Bibel, in deren Fußnoten der Dispensationalismus stark zu Wort kommt, hat sich die Theorie vom Ende der Wunder unter Millionen englischsprachiger evangelikaler Christen und Fundamentalisten verbreitet.“[29]

Wimber hat außerdem richtig erkannt, daß viele Evangelikale sich weniger an den Lehren und Praktiken, als vielmehr an dem Auftreten der Charismatiker stoßen. Er selbst schreibt über die „bekannteste Fernseh-Heilerin“ Kathryn Kuhlman: „Mir war ihre Sprache zu affektiert, und ihre Kleidung erschien mir zu extravagant. Ihre Art war theatralisch und ihr Auftreten mystisch... Ihr persön-

licher Stil hielt mich eher davon ab, Gottes Werke zu sehen, als daß er mich dem nähergebracht hätte"[30]. Doch beeilt er sich anschließend in Klammern zuzufügen: „Inzwischen schätze ich K. Kuhlman und habe von ihr gelernt"[31].
Auch die Heilungsgottesdienste anderer Charismatiker fand er empörend:

> „Carol und ich besuchten auch einige Heilungsgottesdienste... Wir waren empört, denn wir hatten den Eindruck, daß die Glaubensheiler nur wegen des finanziellen Gewinnes an den Menschen interessiert waren. Obwohl offensichtlich einige Menschen geheilt wurden, konnten wir nicht glauben, daß diese Heilungen durch Gott geschahen; wir waren davon überzeugt, daß Jesus nie so ein Spektakel veranstalten würde. Die Heiler waren gekleidet wie für eine Theateraufführung, sie schubsten die Menschen, so daß diese hinfielen, und nannten dies dann noch die ‚Kraft Gottes'. Und Geld – sie wollten immer noch mehr Geld und sagten den Menschen, daß sie geheilt würden, wenn sie nur Geld geben würden."[32]

John Wimber tritt daher in seinen Veranstaltungen anders auf. Auf dem Frankfurter Kongreß 1988 hielt er sich weitgehend im Hintergrund und trat nur – es sei denn, daß er predigte – kurz vor, um die Teilnehmer zu begrüßen. Nicht auffällig, eher lässig gekleidet, bewegte er sich ungezwungen unter den Anwesenden. Die Beschreibung „Teddybär" trifft tatsächlich auf ihn zu; er ist ein gemütlich-väterlicher Typ, vertrauenerweckend und in keiner Weise arrogant. Die sonst meist übliche Show auf charismatischen Veranstaltungen fehlte, keine Ekstase, kein Aufpeitschen der Gefühle durch Wortschwall und Lautstärke, keine Bettelei um Geld.
Auch die Vorträge seiner Mitarbeiter waren sachlich, in

manchen Punkten sogar sehr ausgewogen und manchmal selbstkritisch, so daß dem nichtcharismatischen Zuhörer viele Vorurteile genommen wurden und die Möglichkeit, daß er sich dem anschließenden, allerdings dann sehr emotionalen Heilungs- oder Befreiungsdienst öffnete, sehr real war.

Wimbers Lehren über „power evangelism"

Was ist nun „power evangelism"?
Wimber definiert diesen Begriff so: „Eine Darstellung des Evangeliums, die sowohl rational ist, aber auch den Bereich des Rationalen übertrifft. Sie geht einher mit dem Erweis der Macht Gottes durch Zeichen und Wunder und läßt so Gottes Größe erfahrbar machen"[(33)]. Nach Wimbers Überzeugung sind „Zeichen und Wunder die Visitenkarte des Reiches Gottes"[(34)] und nicht an die Zeit Jesu und der Apostel gebunden, „... das konkrete Tun der Werke Christi (Zeichen und Wunder eingeschlossen) sollte ein fester Bestandteil des normalen Christenlebens sein"[(35)]. „Mit ‚power evangelism' meine ich eine Darstellung des Evangeliums, die für den Verstand zu begreifen ist, die aber auch Elemente enthält, die nicht vom Verstand erfaßt werden können. Die Verkündigung des Evangeliums wird von sichtbaren Erweisen der Macht Gottes begleitet, von Zeichen und Wundern. ‚Power evangelism' ist eine spontane, vom Geist eingegebene und bevollmächtigte Darlegung des Evangeliums. Übernatürliche, sichtbare Zeichen der Gegenwart Gottes gehen ihr voraus und unterstützen sie. Durch diese übernatürlichen Zeichen erleben Menschen die Gegenwart und Macht Gottes. Gewöhnlich äußert sich Gottes Macht in Worten der Erkenntnis... Heilungen, durch prophetische Rede

und Befreiung von bösen Geistern. Bei der „power-evangelism" wird der Widerstand gegen das Evangelium durch übernatürliche Ereignisse überwunden."[36]

Dispensationalisten wie z.B. Scofield und Warfield wirft Wimber vor, daß sie ihre Behauptung, die Zeichen und Wunder hätten mit den Aposteln aufgehört, nicht mit der Bibel belegen können:

> „Die größte Schwachstelle der Position Warfields ist folgende: er kann die Bibel nicht heranziehen, um seine Behauptung zu stützen, daß göttliche Wunder mit dem Tod der Apostel und mit dem Ende ihrer Generation aufhörten. Keine Schriftstelle sagt irgend etwas in dieser Richtung aus oder läßt auf diesen Gedanken schließen."[37]

Wimber lehrt, daß auch in unserer Zeit sichtbare Zeichen wie Dämonenaustreibungen, Krankenheilungen und Totenauferweckungen die Kennzeichen des anbrechenden Reiches Gottes sind, das sich, so Wimber, jetzt noch – bis zur Wiederkunft Jesu – auf „feindlichem Territorium" befindet. Nach seinen Auffassungen kommt es zu einem Zusammenprall der Mächte Gottes und des Teufels, wenn „power evangelism" praktiziert wird. Dabei würde es häufig zu Begegnungen und Kämpfen mit Dämonen kommen.

> „Wenn das Reich Gottes in direkten Kontakt mit dem Reich der Welt kommt (Jesus trifft auf Satan), dann gibt es einen Zusammenstoß. Und gewöhnlich ist auch dieser ohne Ordnung und unberechenbar – für uns schwierig zu lenken."[38]

Positiv muß an dieser Stelle allerdings bemerkt werden, daß Wimbers Auffassungen vom Reich Gottes verbunden sind mit einer klaren Verkündigung der Nachfolge Jesu, die sich wohltuend abhebt von dem, was heute nicht nur in charismatischen Kreisen gepredigt wird:

> „Eine falsche Verkündigung des Evangeliums wird Christen hervorbringen, die falsche Einstellungen haben oder im besten Fall schwach sind. Das ist heute nur allzuoft der Fall. Statt des Rufes zur Herrschaft Christi und zum Eintritt in seine Armee hören die Menschen ein auf das Ego gemünztes Evangelium: komm zu Jesus und laß dir in dieser oder jener Not von ihm helfen, laß dir ein erfülltes Leben geben, schöpfe deine Möglichkeiten aus. Das ist nicht das Evangelium vom Reiche Gottes, das Christus verkündigte und für das man einen hohen Preis zahlen muß: ‚Wer sein Leben retten will, wird es verlieren; wer aber sein Leben um meinetwillen und um des Evangeliums willen verliert, wird es retten‘ (Mark. 8,35).“[(39)]

Der Zweck von „power evangelism“

Nach Wimbers Überzeugung werden mit „power evangelism“ Vorurteile und Widerstände der Ungläubigen überwunden, so daß es zu zahlreichen Bekehrungen kommt und eine „große Bereitschaft, dem Anspruch Christi Folge zu leisten“, entsteht. Weiter lehrt er, daß oft die sichtbaren Zeichen zuerst an denen wirksam werden, die evangelisieren und danach erst an den Menschen, die erreicht werden sollen:

> „Sichtbare Zeichen der Macht Gottes, die zur Bekehrung führen, ereignen sich oft zuerst an denen, die evangelisieren, und danach erst an Menschen, die evangelisiert werden. An Pfingsten waren die Menschen ‚außer sich, ratlos‘. Viele von ihnen traten jedoch

augenblicklich auf die andere Seite: sie wurden Teilhaber an Gottes Gnade. Wenn Nichtchristen erleben, wie Gott seine Macht an einem Christen offenbart, so öffnen sie sich dadurch auf übernatürliche Weise dem Evangelium vom Reich Gottes."(40)

„Selten wurde Gemeindewachstum allein durch die Verkündigung bewirkt."(41)

Wimber begründet seine Auffassungen mit dem Wirken Jesu, dem Auftrag und Dienst der Apostel (vgl. Luk. 9,1–6; Mark. 16, 15–18) und mit folgenden Zeugen der Kirchengeschichte:
Justinus (ca. 100–165), Irenäus (140–203), Tertullian (ca. 160/170–215/220),Novatian (210–280), Antonius (ca. 261–356); Hilarius (ca. 291–371), Macrina (ca. 328–379/380), Ambrosius (339–397), Augustinus (354–430), Gregor von Tours (ca. 538–594), Gregor I. (540–604), Franz von Assisi (1181–1226), den Waldensern, Vincent Ferrer (1350–1419), Colette von Corbi (gest. 1447), Martin Luther (1483–1546), Ignatius von Loyola (1491–1556), Teresa von Avila (1512–1582), Valentine Greatlakes (gest. 1638), den Quäkern, den Hugenotten, den Janseniten, John Wesley (1703–1791), den Wundern in Lourdes, der Erweckung in Los Angeles „Azusa Street" (1909).
Als Zeugen für Zeichen und Wunder in unserem Jahrhundert nennt Wimber Reinhard Bonnke, Erlo Stegen, Prophet Harris, Jacques Girad, Tommy Hicks und Suba Rao.

Bei diesen Personen fällt auf, daß Wimber auch solche dazu zählt, die den Gebrauch von Sakramenten zur Heilung empfehlen und der „Fürbitte bei den Reliquien der Heiligen" große Bedeutung beimessen. So zitiert er Augustinus:

„Manchmal wird behauptet, daß die Wunder, von denen Christen sagen, daß sie sich ereignet haben, nicht mehr geschehen...Die Wahrheit ist, daß auch heute noch im Namen Christi Wunder getan werden, manchmal durch seine Sakramente und manchmal durch die Fürbitte bei den Reliquien seiner Heiligen."[42]

Heilungsdienst

Zu den wichtigsten Zeichen von „power evangelism" zählt Wimber die Krankenheilung. Er berichtet, daß Gott ihm gesagt habe: „Ja, die Christen sind genauso dazu berufen, die Kranken zu heilen, wie sie dazu berufen sind, zu evangelisieren"[43]. Er sieht in öffentlichen Krankenheilungen eine wirksame Unterstützung der Evangelisation und die Ausbreitung des Reiches Gottes:

> „Ein weiterer Grund, für Kranke zu beten, ist der, daß Heilung die Evangelisation unterstützt. Heilung ist ein ‚Evangeliums-Förderer'. Dies habe ich von den Studenten aus der Dritten Welt gelernt... die behaupteten, es sei einfacher, für die Heilung von Menschen zu beten, als ihnen von Christus zu erzählen. Aber Menschen von Christus zu erzählen, nachdem sie geheilt worden sind, sei sehr einfach."[44]

> „Unser Ziel, wenn wir für Kranke beten, ist, daß diese geheilt werden und daß sich als Folge davon das Reich Gottes ausbreitet."[45]

Wimber erzählt, wie seine frühere, ablehnende Haltung Krankenheilungen gegenüber durch eine Vision korrigiert wurde, die sein Leben „mehr als alle anderen Erfahrungen" verändert habe:

> „Plötzlich sah ich in meiner Vorstellung eine Wolken-

bank, die sich quer über den Himmel zu erstrecken schien. Doch diese Wolkenbank sah anders aus als alle, die ich je zuvor gesehen hatte. So fuhr ich an den Straßenrand, um die Erscheinung genauer zu betrachten. Ich entdeckte, daß es gar keine Wolkenbank war, sondern eine Honigwabe, aus der Honig tropfte. Unter der Wabe standen Menschen in unterschiedlicher Haltung. Manche zeigten Ehrfurcht; sie weinten und streckten ihre Hände aus, um Honig aufzufangen und ihn zu essen. Sie boten sogar anderen Menschen von ihrem Honig an. Eine ganz andere Reaktion zeigte eine zweite Gruppe von Menschen; diese Leute waren verärgert, versuchten sich vom Honig zu reinigen und beschwerten sich darüber, daß alles klebte. Ich erstarrte vor Ehrfurcht; was sollte das bedeuten? ‚Herr, was ist das?' fragte ich.

Er antwortete: ‚Das ist mein Erbarmen, John. Für manche Menschen ist es ein Segen, aber für andere ist es ein Hindernis. Es ist genug da für jeden. Flehe mich nie wieder um Heilung an. Das Problem liegt nicht bei mir. Es liegt bei euch.' ...Dieses Erlebnis bewegte mich sehr tief; es veränderte mein Leben mehr als alle anderen Erfahrungen, die ich, seitdem ich Christ war, gemacht hatte. Seit jenem Tag habe ich eine ganz andere Sicht von Heilung."(46)

Weitere Impulse für seinen Heilungsdienst kamen von Pater Francis MacNutt und seinen Büchern, aus denen Wimber oft zitiert und dessen Buch „Die Kraft zu heilen" an alle Teilnehmer seiner Konferenz über „Zeichen und Wunder und Gemeindewachstum" 1985 in Sheffield verteilt wurde (47). MacNutt bezeichnet sich selbst als „christlicher Humanist"(48). Seine Bücher machen deutlich, daß er u.a. an die Heilkraft der Sakramente, besonders der Eucharistie, glaubt.

Zu den Autoren, die Wimber oft zitiert und die seine Auffassungen geprägt haben, gehört auch die mit MacNutt freundschaftlich verbundene Agnes Sanford und der C. G. Jung-Schüler Morton Kelsey, der – wie Dave Hunt in seinem wichtigen Buch „Die Verführung der Christenheit" nachweist – „den Heiligen Geist mit dem ‚Ich' gleichsetzt und schamanistische, psychische Kraft zu den Gaben des Heiligen Geistes rechnet"[49].
Kelsey, dessen Bücher teilweise auch in deutscher Sprache im Franz-Verlag/Metzingen erschienen sind, vertritt folgende Überzeugung:

> „Hellsichtigkeit, Telepathie, Vorauswissen von Ereignissen, Psychokinese und Heilungen konnten im Leben von vielen religiösen Führern und fast bei allen christlichen Heiligen beobachtet werden...Das ist genau dieselbe Art der Geisteskraft, wie Jesus sie auch besaß."
> „Jesus war ein mächtiger Mann. Er war größer als alle Schamanen. Meine Studenten fangen an, die Rolle Jesu zu verstehen, wenn sie die Bücher ‚Schamanismus' von Mircea Eliade und ‚Die Reise nach Ixtlan' von Carlos Castaneda lesen... Das ist genau die gleiche Art der Psi-Kraft, wie sie Jesus selbst auch hatte."[50]

Die Definition von Krankheit

Übereinstimmend mit vielen Pfingstlern und Charismatikern lehrt Wimber, daß Krankheit eine Auswirkung und Folge der Sünde und eine Waffe Satans und seiner Dämonen ist.

> „Krankheit wird im NT als eine Auswirkung und Folge der Sünde betrachtet und ist daher in ihrem Ursprung böse, ein Zeichen der Herrschaft Satans."[51]

„Die Christen des ersten Jahrhunderts sahen Krankheit als Werk des Satans, als Waffe seiner Dämonen und als ein Mittel, mit dem das Böse die Welt regiert.“(52)

Allerdings sieht Wimber – im Gegensatz zu vielen anderen Heilungspredigern wie Oral Roberts, K. Hagin und Kenneth Copeland – nicht in jeder Krankheit die direkte Folge einer Sünde oder eines Ungehorsams.

„Anders als im AT sind im NT nur die wenigsten Krankheiten eine direkte Folge konkreter Sünden des Kranken...Es gibt auch Krankheiten, die nicht durch Sünde zu erklären sind. Viele Krankheiten werden von Satan verursacht.“(53)

Wimber, der selbst an einem Herzschaden, zu hohem Blutdruck, Magengeschwüren und Übergewicht leidet (54) und zugeben muß: „Ich wünschte, ich könnte schreiben, daß ich inzwischen vollkommen geheilt bin und keine körperlichen Beschwerden mehr habe. Doch dies ist leider nicht der Fall“(55), kommt durch seine eigene Erfahrung zu folgender Erkenntnis:

„Die Situation des Epaphroditus, Timotheus, Trophimus und Paulus – sowie meine eigene – ist demütigend und erinnert uns daran, daß sich unsere vollkommene Erlösung erst bei Jesu Wiederkunft offenbaren wird. Wir wissen, daß Jesu Sühnetod uns Heilung für den Leib gebracht hat; wenn Gott nun aber nicht jede Bitte um Heilung erhört, so haben wir trotzdem nicht das Recht zu folgern, daß unser Glaube oder Gottes Treue mangelhaft seien.“(55)

„Vor langer Zeit habe ich beschlossen, daß es besser ist, wenn ich für hundert Menschen bete, als wenn ich überhaupt nicht um Heilung bete und daher auch kein Mensch geheilt wird.“(56)

Dennoch bleibt Wimber der Auffassung, daß Sünde und Unglauben in den meisten Fällen daran schuld sind, wenn keine Heilung eintritt und gibt ansonsten folgende Erklärung dafür ab, warum nicht alle geheilt werden, für die gebetet wird:

> „Meine Schlußfolgerung ist, daß Heilung nicht in derselben Weise im Sühneopfer enthalten ist wie die Errettung. Trotzdem möchte Gott heilen, und mein Vorschlag ist, daß es im Rahmen der Reich-Gottes-Arbeit Zeiten der Ebbe und Zeiten der Flut gibt. Auf diese Weise ließe sich auch die Frage beantworten, warum zu gegebener Zeit nicht alle geheilt werden, und es würde uns helfen, zu verstehen, daß viele aus anderen Gründen nicht geheilt werden.
>
> Wenn ich auf meine Erfahrung mit Gottes Wirken zurückblicke, sehe ich solche Ebbe- und Flut-Bewegung. Es gibt Zeiten, in denen durch Gottes heilende Gegenwart Unglaubliches geschieht, und es gibt Zeiten, in denen kaum eine Heilung erfolgt. Heilung ist daher eine Nebenerscheinung des Sühneopfers und findet eine bessere Erklärung in der Reich-Gottes-Theologie."[57]

Die Praxis

In der Praxis sieht der Heilungsdienst so aus, daß Wimber möglichst im Beisein von weiteren Christen, „die Glauben haben", für den Kranken betet, während er oder die Mitarbeiter die Hände auf oder in die Nähe der kranken Körperstelle legen.

> „Immer, wenn ich für Kranke bete, suche ich unter den Anwesenden nach Menschen, die Glauben haben –

Mitglieder des Gebetsteams, der Kranke selbst, Verwandte (selbst Kinder, die normalerweise großen Glauben für Heilung haben), Freunde und natürlich ich selbst. Wenn ich diese Menschen gefunden habe, weise ich sie an, ihre Hände auf oder in die Nähe der Körperstelle zu legen, die Heilung braucht, und dann bitte ich Gott, mit seiner heilenden Kraft zu wirken."[(58)]

Diese Handauflegung ist meistens mit einer Übertragung von Hitze- und Energieströmen verbunden. Interessant ist die erste Erfahrung mit diesen Energieströmen, die Wimber des Nachts, während er schlief, ausströmte:

„Sie (Carol Wimber) hatte Schmerzen in ihren Schultern, verursacht durch rheumatische Arthritis. Diese Schmerzen sollten nun der Prüfstein sein. Eines Nachts, als wir in einer Hütte in den Bergen waren, wartete sie, bis ich eingeschlafen war, und legte dann meine Hand auf ihre Schulter. Sie sagte: ‚So, Herr, jetzt bist du dran'. Sie spürte einen Strom von Hitze und Energie in ihrer Schulter, und die Schmerzen verschwanden. Sie war geheilt. Ich wachte auf und wunderte mich, warum meine Hand so heiß war."[(59)]

Das folgende Beispiel ist typisch für Wimbers Heilungsdienst. Während einer Heilungskonferenz in einer Göteborger Baptistengemeinde hatte er ein „Wort der Erkenntnis", daß eine Frau, die erst an diesem Tag aus dem Krankenhaus entlassen war, von Brustkrebs geheilt werden sollte:

„Nun stand eine Dame auf, die einen langen, dunklen Wollmantel trug, und sagte: ‚Das stimmt, das bin ich'. Ich bat sie, zum Gebet nach vorne zu kommen, und dann forderte ich andere, die sich frei dazu fühlten, auf, für sie zu beten.

Drei Männer aus der ersten Reihe standen auf, zwei stellten sich hinter die Dame, einer trat vor. Nun bat ich die Frau, ihre Hände über ihrer Brust zu falten, und ich fragte sie, ob sie damit einverstanden wäre, wenn einer der Männer seine Hand auf ihre Hände lege... Die Männer, die hinter der Dame standen, legten ihr die Hände auf die Schultern. Dann trat ich einen Schritt zurück und sagte, sie sollten warten, bis ich beten würde.

Aber bevor die Übersetzerin ihnen diese Anweisungen geben konnte, war ich plötzlich so von Glauben erfüllt, daß ich in Englisch laut rief: ‚Sei geheilt in Jesu Namen!' Ich hatte die Worte kaum ausgesprochen, da kam Gottes Kraft über die vier Menschen; sie begannen zu schwanken und fielen dann zu Boden! Es war, als wäre Gottes heilende Kraft durch die Frau in die drei Männer geströmt oder umgekehrt... Die vier standen auf, sie weinten und priesen Gott, und zu einem späteren Zeitpunkt berichtete die Frau von ihrer Heilung."[60]

Worte der Erkenntnis

Unter diesem Begriff versteht Wimber Erfahrungen und Praktiken, die von anderen Christen teilweise mit Hellsehen bezeichnet werden.

Sein bekanntestes Beispiel ist sein Erlebnis im Flugzeug, als er dort einen Mann mittleren Alters sah:

„Als meine Augen gerade zufällig in seine Richtung blickten, sah ich etwas, was mich aufschrecken ließ. In sehr klaren, deutlichen Buchstaben glaubte ich das Wort ‚Ehebruch' über sein Gesicht geschrieben zu sehen. Ich blinzelte, rieb mir die Augen und sah nochmals hin. Es stand noch da! ‚Ehebruch'. Ich sah es – nicht mit meinen natürlichen Augen, sondern vor meinem geistigen Auge... Es war der Geist Gottes, der mir dies offenbarte."[61]

„Worte der Erkenntnis" spielen auch in Wimbers Heilungsdienst eine wichtige Rolle. Manchmal sieht er über einigen Menschen „leuchtende Lichtkegel", die ihm anzeigen, welche Personen geheilt werden sollen, oder er spürt an seinem Körper Schmerzen, die ihm deutlich machen, welche Krankheiten bei anderen vorhanden sind.

„Während einer der Veranstaltungen (in London) sagte mir Gott, daß jemand unter den Zuhörern als Folge von Diabetes blind sei. Die Erkenntnis bekam ich dadurch, daß ich in meiner Vorstellung ein Bild von dem Auge des Mannes sah, und dabei fiel mir das Wort Diabetes ein. Manchmal bekomme ich Schmerzen in verschiedenen Teilen meines Körpers. Das zeigt mir an, welche Krankheiten Gott bei anderen heilen will. Es kommt auch vor, daß ich blitzartig die Probleme eines Menschen erkenne..."[62]

J. Wimber definiert diese Gabe so:

„Ein ‚Wort der Erkenntnis' bedeutet, daß Gott uns in einer speziellen Situation seine Weisheit offenbart oder uns Einblick in diese Situation gewährt... Gott kann zum Beispiel Einzelheiten über das Leben eines anderen Menschen oder Sünde offenbaren, er kann vor Gefahrensituationen warnen und so einen Menschen schützen. Er kann die Gedanken eines anderen offenbaren, Heilung ankündigen oder Weisungen geben."[63]

„Ruhen im Geist“

Ein weiteres Phänomen, welches auch in den Veranstaltungen anderer Charismatiker wie Kathryn Kuhlman, Kim Kollins, Reinhard Bonnke usw. auftrat bzw. auftritt, ist das „Ruhen im Geist“. Wimber definiert dieses Phänomen folgendermaßen:

> „Dieses Phänomen, daß Menschen umfallen und manchmal mehrere Stunden auf dem Rücken oder auf dem Bauch liegenbleiben, kennen wir nicht nur aus vielen Berichten der Kirchengeschichte, sondern es tritt auch heute häufig auf. Die meisten Menschen verspüren dabei ein Gefühl der Ruhe und großer Gelassenheit in bezug auf ihre Lebensumstände. Gewöhnlich lassen sich nachträglich weder positive noch negative Auswirkungen feststellen. Gelegentlich kann dieser Zustand zwölf bis achtundvierzig Stunden anhalten; in solchen Fällen wird von den Menschen berichtet, daß sie eine tiefgreifende geistliche Veränderung erlebt haben.
>
> Dramatisch kann es sein, wenn ein Pastor oder ein geistlicher Leiter in dieser Weise umfällt; manche scheinen regelrecht vom Geist auf ihr Angesicht geworfen zu werden und bleiben dann auf dem Bauch liegen. Es hat auch einige Fälle gegeben, bei denen ein Pastor etwa eine Stunde lang rhythmisch seinen Kopf auf den Boden geschlagen hat... Die Veränderungen, die einer solchen Erfahrung folgen, können sehr groß sein. Es scheint, als ob gerade Pastoren durch dieses Erlebnis neue Vollmacht und Wirksamkeit für ihren Dienst erfahren.“(64)

Manchmal ist diese Erfahrung verbunden mit Zungenreden, Visionen und dem sog. „Heiligen Lachen“. Murray

Robertson, Pastor einer Baptistengemeinde in Neuseeland, berichtet aus eigener Erfahrung, wie auf einer Konferenz über „Zeichen, Wunder und Gemeindewachstum" seine Hand plötzlich stark zu zittern begann, „so als ob ich einen Preßluftbohrer festhalten würde" und anschließend passierte folgendes:

> „John Wimber sprach weiter: ‚Einige von Ihnen stehen schon lange im Dienst und sind müde geworden und haben den Mut verloren. Der Heilige Geist wird kommen und Sie erfrischen'. In mir stieg ein Lachen auf, doch da der Augenblick dafür völlig unpassend war, unterdrückte ich es. ‚Der Geist wird in Wellen kommen', sagte Wimber, ‚jede Welle wird mehr Menschen mit hineinnehmen als die vorherige'. In den ersten Reihen fingen einige Menschen an zu lachen. Dann jemand an einer anderen Stelle. Das ist bestimmt die Erfrischung des Geistes, dachte ich – und konnte mein eigenes Lachen nun auch nicht mehr unterdrücken. Diese Freude im Heiligen Geist breitete sich etwa zehn Minuten lang im ganzen Raum aus und verebbte dann wieder. Diejenigen, die gelacht hatten, wurden still – bis auf mich. Ich konnte einfach nicht aufhören. Und schließlich konnte ich auch nicht mehr stehen! Ich fiel zuerst nach vorne, dann nach hinten, und zum Schluß lag ich auf dem Boden, rollte hin und her und hielt mir vor Lachen die Seite. Inzwischen war ich umringt von Zuschauern, ich lieferte eine gute Unterhaltungsshow! Es war interessant, daß ich mich selbst auch gleichermaßen beobachten konnte. Ich wußte, was geschah – Monate, ja vielleicht Jahre der Enttäuschung im Dienst wurden aus meinem Leben herausgeschwemmt... Ich lachte etwa eine dreiviertel Stunde lang. Als ich schließlich aufhörte, kam ein Kollege, ein sehr guter Freund von mir, legte mir die

Hand auf den Kopf und sagte: ‚Herr, gib ihm noch mehr davon' – und ich mußte noch einmal dreiviertel Stunde lang lachen! Danach flehte ich ihn an, nicht mehr für mich zu beten, meine Rippen schmerzten schon von all dem Lachen!

Am nächsten Tag traf ich kurz mit John Wimber zusammen und erzählte ihm, meine Rippen täten mir immer noch weh. Er berichtete öffentlich allen Teilnehmern davon – und fügte hinzu, ich sei der erste ‚Heilige Lacher', den er aus den Reihen der Baptisten kennengelernt habe."[(65)]

„Befreiungsdienst"

Ebenso wie viele Nichtcharismatiker sieht Wimber eine wichtige Aufgabe darin, Nichtchristen wie Christen von Dämonen zu befreien. Begegnungen und Kämpfe mit Dämonen sind für Wimber „inzwischen nichts Ungewöhnliches mehr", weil sie seiner Meinung nach immer dann auftreten, wenn „das Reich Gottes auf Satans Reich stößt".

Die erste Dämonenaustreibung praktizierte Wimber 1978, als ein junger Mann ihn verzweifelt bat, seiner Freundin zu helfen, welche wild um sich schlug und tierische Laute von sich gab:

> „Das Mädchen (d.h. eher etwas in dem Mädchen) redete. ‚Ich kenne dich', waren die ersten Worte, die mich angreifen sollten – in einer krächzenden, grausigen Stimme – ‚und du weißt nicht, was du tun sollst.' Ich dachte: ‚Du hast recht.' Dann sagte der Dämon durch Melinda: ‚Du kannst nichts mit ihr machen. Sie gehört mir.' Ich dachte: ‚Du irrst dich.'
>
> Dann begannen zehn Stunden geistlichen Kampfes, in

dem ich die Mächte des Himmels anrief, um Satan zu überwältigen. Der äußerte sich auf verschiedene Weise, es roch nach Fäulnis, Melinda rollte ihre Augen... Ich war entsetzt und hatte große Angst. Aber ich weigerte mich, den Kampf aufzugeben.

Ich glaube, der Dämon verschwand am Schluß, weil ich ihn zermürbte – ganz bestimmt nicht, weil ich Erfahrung im Austreiben böser Geister gehabt hätte. Seit der Zeit habe ich viel über die Begegnung mit Dämonen gelernt. Ich glaube, wenn ich damals gewußt hätte, was ich heute weiß, so hätte diese Begegnung nicht länger als eine Stunde gedauert... Begegnungen und Kämpfe mit Dämonen sind für mich inzwischen nichts Ungewöhnliches mehr."[(66)]

Wimber lehrt, daß auch Christen, die in Sünde fallen und darin leben, von Dämonen beherrscht werden können. Deshalb ist der „Befreiungsdienst" ein wichtiger Teil jeder Konferenz.

„Doch wenn Christen in Sünde fallen und diese nicht bekennen, können auch sie unter den Einfluß böser Geister geraten, ja sogar von ihnen beherrscht werden... Das NT lehrt, daß Christen, die in Sünde leben, in der Gefahr stehen, dem Satan übergeben zu werden... Christen können auch durch ererbte Dämonen gebunden sein (Dämonen, die von den Eltern auf die Kinder übergehen) oder durch Dämonen, die sie sich auf irgendeine andere Weise zugezogen haben."[(67)]

Die Befreiung von dämonischen Mächten kann bei einem Christen nach Wimbers Auffassung durch „Selbst-Befreiung" geschehen, wo der einzelne, ohne Gebetsunterstützung anderer Menschen, selbst die Bindung zerbricht"[(68)], oder durch „brüderliche" bzw. „pastorale" Befreiung.

„Komm, Heiliger Geist!“

Während J. Wimber die „Geistestaufe“ im Sinne vieler Pfingstler und Charismatiker als „zweite Erfahrung“ in Verbindung mit Zungenreden ablehnt und lieber von „Erfüllung mit dem Heiligen Geist“ spricht, so vertritt er doch einige Auffassungen, die auch von Charismatikern teilweise kritisiert werden und die für seine „Heilungs- und Befreiungsdienste“ von großer Bedeutung sind.

Im allgemeinen folgt nach der Predigt oder dem Referat Wimbers und seiner Mitarbeiter der praktische Teil, der mit der Bitte: „Komm, Heiliger Geist!“ eingeleitet wird. Nach einer kurzen Zeit der Stille offenbart dann angeblich der Heilige Geist – je nach Seminar oder Konferenz-Thema – dämonische Bindungen, Krankheiten, seelische Verletzungen usw. Der „Heilige Geist“ wird also als eine Macht außerhalb von uns angerufen, um seine Ankunft oder Gegenwart dann durch bestimmte Reaktionen in den Anwesenden zu signalisieren.

> „Wenn wir geistliches Sehvermögen besitzen, so können wir Gottes Wirken erkennen und bei dem Heilungsprozeß als Gottes Mitarbeiter dienen. Wir hören auf Gottes Stimme und bitten den Heiligen Geist zu kommen. Die meisten Menschen zeigen bestimmte seelische und körperliche Reaktionen, die darauf hinweisen, daß der Heilige Geist da ist.
>
> Einige dieser Reaktionen sind deutlich erkennbar: Weinen, Schreien, länger anhaltendes, überschwengliches Lobgebet, Zittern, große Ruhe, Zucken, Umfallen (manchmal ‚Ruhen im Geist‘) genannt, Lachen und Springen.“[(69]

Vermittlung von „Gaben" durch Handauflegung

Wimber ist überzeugt, daß auch heute Geistesgaben und geistliche Vollmacht durch Handauflegung übertragen werden können. Die biblischen Vorbilder sieht er in Mose und Elia, die auch ihre „Vollmacht" an andere weitergegeben haben. John Wimbers erste Erfahrung mit der Gabenübertragung hat seine Frau Carol beschrieben:

> „Johns große Frage war, wie er anderen helfen konnte, Gottes Kraft und Gegenwart in derselben Weise zu erfahren, wie er sie selbst immer mehr erlebte. Wir hatten noch nicht erkannt, daß man das, was Gott einem selbst gibt, durch Handauflegung anderen weitergeben kann.
>
> Daß Mose und Elia so gehandelt hatten, wußten wir, bezogen dies aber noch nicht auf unsere eigene Situation. Dann sprach Gott zu John. Er sagte ihm, er solle andere Menschen für den Dienst salben. So lud John an einem Sonntagmorgen am Ende des Gottesdienstes die Menschen nach vorne ein, die sich danach sehnten, in ihrem Dienst mehr Vollmacht zu haben. Er ließ sie ihre Schuhe ausziehen und salbte sie mit Öl, so wie es in 3. Mose steht – am rechten Ohr, am rechten Daumen und an der großen Zehe des rechten Fußes. (Auf diese Weise hatte Mose Aaron und seine Söhne für den Dienst geweiht). John legte ihnen auch die Hände auf, um die Gabe der Heilung weiterzugeben. Am Anfang war er etwas unsicher, aber er wußte genau, daß Gott ihm aufgetragen hatte, so zu handeln. Danach lud er alle Kranken ein, nach vorne zu kommen. Die Menschen, für die er gerade gebetet hatte, sollten nun für sie beten. Das, was geschah, versetzte uns in Staunen – viele wurden geheilt."[71]

Er selbst berichtet, welche negativen Erfahrungen damit verbunden waren, als er sich einmal eine Zeitlang weigerte, seine Gaben anderen durch Handauflegung weiterzugeben:

„Ich erinnere mich noch gut daran, wie Gott mir zum ersten Mal die Gabe der Erkenntnis gab – Fakten und Informationen über spezielle Situationen, Menschen oder Dinge, von denen man nur auf übernatürlichem Wege Kenntnis erlangen kann. Ich wußte die geheimsten Gedanken der Menschen. Diese Gabe gefiel mir, und da sie sonst keinem anderen in der Gemeinde verliehen war, begann ich stolz zu werden. Dann sagte mir Gott, daß ich die Gabe weitergeben solle; das hieß, ich sollte anderen die Hände auflegen und dafür beten, daß auch sie diese Gabe empfingen. Ich sprach nur ein einfaches Gebet: ‚Herr, bitte gib diesen Menschen Worte der Erkenntnis', worauf die meisten Menschen Worte der Erkenntnis empfingen. Doch dann begann Satan mir einzuflüstern, daß ich selbst die Gabe verlieren würde, wenn ich fortführe, sie weiterzugeben. So hörte ich auf, für andere um diese Gabe zu bitten; in den nächsten vier Monaten empfing ich selbst allerdings kein einziges Wort der Erkenntnis mehr. Schließlich ging ich zu einigen Freunden und bat sie, für mich zu beten, daß die Gabe wieder in mir lebendig würde. Gott erhörte ihr Gebet."[71]

Nach Wimbers Überzeugung ist es nicht so, daß jeder Christ eine oder mehrere Gaben hat, sondern daß Geistesgaben in besonderen Situationen verliehen werden.

„Viele lehren, daß jeder Christ ein oder zwei Gaben als seinen Besitz hat. Man wird aufgefordert, ‚seine Gabe zu entdecken', dahinter steht die Annahme, daß nur einige wenige zu besonderen Diensten wie zum Beispiel

> Heilungsdienst berufen sind. Diese Lehre – daß jeder Christ nur ein oder zwei Gaben besitzt und sich in seiner Wirkungsmöglichkeit auf diese Gaben beschränken muß – halte ich für falsch…“[72]

Wimber folgert aus 1. Kor. 12, daß die Gaben in erster Linie nicht den einzelnen Gliedern, sondern der ganzen Gemeinde gegeben sind und daher „allen alle Gaben zur Verfügung stehen“.

> „So kommt es also vor, daß in Situationen, wo spezielle Nöte vorhanden sind, dem einzelnen besondere Gaben verliehen werden. Das heißt, die Gaben werden dem einzelnen in konkreten Situationen gegeben, damit er sie zum Segen für andere einsetzt. Daraus ergibt sich auch, daß jeder Christ für einen Kranken beten kann…Der Heilige Geist offenbart sich, er salbt Christen mit Gaben, um konkreten Nöten abzuhelfen. In gleicher Weise wird auch die Gabe der Heilung verliehen.“[73]

> „Wenn ich mit Evangelikalen über den Heiligen Geist spreche, so frage ich sie, ob sie den Geist empfangen haben, als sie wiedergeboren wurden. Wenn sie mit Ja antworten (und das sollten sie), sage ich ihnen, daß sie jetzt nur noch eins zu tun brauchen: sie müssen dem Heiligen Geist Raum geben, sie müssen nur zulassen, daß er ihnen alle Gaben geben kann, die er geben möchte. Ich lege ihnen dann die Hände auf und sage: ‚Sei erfüllt mit dem Geist‘ – und das geschieht.“[74]

Interessant ist in diesem Zusammenhang der Artikel „Evangelisation in der Kraft des Geistes – Eindrücke vom John Wimber Kongreß in Frankfurt“ von Siegfried Großmann, dem langjährigen Leiter der Rufer-Bewegung und des baptistischen Arbeitskreises „Charisma und

Gemeinde". Er schildert darin seine Eindrücke und Beobachtungen in bezug auf die Übertragung der Gaben:

„Ich teile die Auffassung, daß wir mehr und bewußter die vorhandenen Gaben des Heiligen Geistes wahrnehmen und um ihre Erweckung bitten sollten – und sicher hat dieser Kongreß vielen dazu die Möglichkeit gegeben. Aber warum mußte dann der Eindruck vermittelt werden, jeder Christ habe im Prinzip jede Gabe und werde sie bekommen, wenn er nur darum bitte?

Um dieses Problem zu beschreiben, zitiere ich etwas ausführlicher aus einer Vormittagsveranstaltung mit McClure:

Der Redner ruft alle auf, nach vorn zu kommen, die Buße tun wollen, damit der Heilige Geist auf sie fällt. Es kommen einige hundert nach vorne. McClure: ‚Der Herr ist stolz auf dich und wird dir wunderbaren Erfolg schenken.' Es folgt ein Gebet mit der Bitte, daß der Heilige Geist neu auf sie falle, damit Zeichen und Wunder geschehen. Die Atmosphäre ist ruhig, gesammelt und sehr erwartungsvoll. McClure fordert alle auf, welche die Gabe der Evangelisation empfangen möchten, ihre Hand zu heben. ‚Empfangt die Gabe der Evangelisation.' Es folgt ein Sprachengebet, dessen Auslegung die Zusage ist, daß der Geist jetzt diese Gabe schenkt... Als zum Schluß die Möglichkeit gegeben wird, um die Gabe der Heilung zu bitten, melden sich mehr als die Hälfte der Teilnehmer. McClure sagt auch jetzt die Erhörung dieser Bitte zu. Er schließt: ‚Ich sage dir an Christi Statt: Heile die Kranken, treibe die Dämonen aus, predige das Evangelium. Empfangt diese Gabe von Christus.' Dann dankt der Redner Jesus für die Erhörung dieses Gebetes, und die Versammlung antwortet mit langem

Beifall. Bei den einzelnen Gebetsanliegen, vor allem beim Gebet um die Gabe der Heilung, hatte es im Publikum viele kleine Gruppen gegeben, in denen man sich gegenseitig durch Handauflegung segnete, einzelne Teilnehmer reagierten durch Umfallen oder durch einen inneren Zustand, bei dem sie durch Lachen geschüttelt wurden...

Am Freitagabend fordert John Wimber alle Pastoren, Hauskreisleiter und in der Gemeinde Verantwortlichen auf, nach vorn zu kommen. Er sagt, daß er gerade für geistliche Leiter eine besondere Gabe bekommen habe, Vollmacht weiterzugeben. ‚Ich weiß auch nicht warum. Aber es hilft.' Dann betet er wiederholt: ‚Komm, Heiliger Geist.' In der Stille hört man einzelne, oft langgezogene Schreie, hier und da gibt es Unruhe, weil jemand zu Boden gefallen ist – und einzelne verfallen in ein zwanghaft wirkendes Lachen. Wimber: ‚Erschreckt nicht, dies ist der Heilige Geist.' ...Am letzten Abend führte John Wimber den größten Teil der Versammlung zum – wie er es formulierte – heiligen Lachen und im weiteren Verlauf zu ausgelassener Bewegung und zum Tanzen. Auch hier, wie beim größten Teil des Kongresses, hatte ich ambivalente Eindrücke... Aber mich störte, daß dieses psychische ‚Durchbruchserlebnis', das durchaus massensuggestive Züge hatte, als ‚Durchbruch des Heiligen Geistes' ausgegeben wurde. Hier wird das Charisma zu leicht manipulierbar."[75]

Paul Yonggi Cho – Pastor der „weltgrößten Kirche“ in Seoul/Korea

Im Unterschied zu C.P. Wagner und J. Wimber kann man P. Yonggi Cho nicht zu den Gründern der „Dritten Welle“ zählen. Doch hat Cho durch seine Gemeindewachstumserfolge, seine Bücher und Vorträge auf vielen internationalen Konferenzen großen Einfluß auf die Pfingstbewegung, Charismatische Bewegung und auf die „Dritte Welle“ ausgeübt. C.P. Wagner bezeichnet Cho als seinen „langjährigen Freund“(76); der jährlich zu den Gastvorlesungen an der „Fuller School of World Mission“ in Pasadena eingeladen wird. Viele Lehren P. Yonggi Chos sind von den Leitern der „Dritten Welle“ übernommen worden.

P. Yonggi Cho, Pastor der „Yoido Kirche für volles Evangelium“ mit über 700.000 Mitgliedern (Stand: 1989), stammt aus einer buddhistischen Familie.
Mit 18 Jahren wurde er krank und man stellte fest: Tuberkulose im Endstadium. Man gab ihm noch 3-4 Monate zu leben. Auf dem Sterbebett wurde er von einer jungen Christin besucht, die ihn schließlich überreden konnte, das Neue Testament zu lesen. Als Folge davon bekehrte er sich.

Auch körperlich wurde er geheilt, sodaß er nach sechs Monaten sein Krankenbett verließ und nie wieder Probleme mit Tuberkulose hatte. Y. Cho schloß sich daraufhin einer pfingstlichen Gemeinde in Busau an, und nach Abschluß einer Bibelschule gründete er 1958 in einer Stadt außerhalb von Seoul eine Gemeinde und schließlich in Seoul selbst die jetzige Gemeinde, durch deren enormes Wachstum Cho unter den Christen in aller Welt bekannt wurde.

Das Geheimnis dieses Wachstums wird von vielen Gemeindewachstumsexperten in dem intensiven Gebetsleben der Gemeinde gesehen. Cho berichtet, daß jedes Jahr etwa 300.000 Mitglieder seiner Gemeinde den eigenen „Gebetsberg“ aufsuchen, um dort intensiv für bestimmte Anliegen zu beten.

> „Ungefähr 60% von ihnen gehen, um für die Taufe im Heiligen Geist und die Gabe der Zungenrede zu beten. Die nächst größere Gruppe geht, um für die Lösung von Familienproblemen zu beten und die dritte Gruppe betet dort für Heilung.“[77]

Cho selbst legt dem Zungenreden in seinem Leben großen Wert bei:

> „Ich bete auch viel in Zungen. Die Zungenrede ist die Sprache des Heiligen Geistes, und wenn ich in Zungen spreche, erfahre ich Seine Anwesenheit in meinem Bewußtsein. In meinem Gebetsleben spreche ich mehr als 60% der Zeit in Zungen. Ich bete in Zungen, wenn ich schlafe. Ich wache auf, in Zungen betend. Ich bete in Zungen, während ich die Bibel studiere,und ich bete in Zungen während meiner Andachten. Wenn ich irgendwie die Gabe der Zungenrede verlieren sollte, glaube ich, daß mein Dienst um ca. 50% beschnitten würde. Wann immer ich in Zungen rede, behalte ich den Heiligen Geist in meinem Bewußtsein...Das Sprachengebet hilft mir deshalb, ständig mit dem Heiligen Geist in Kontakt zu stehen.“[78]

Inzwischen ist Y. Cho in vielen Ländern ein begehrter Konferenzredner und seine Bücher sind in mehreren Sprachen erschienen. Als Gründer von „CGI“ (Church Growth International) ist er nicht nur in Pfingst- und Charismatischen Kreisen, sondern auch in der Gemeindewachstumsbewegung eine einflußreiche Persönlichkeit geworden.

Seine Kirche und das von ihm aufgebaute „World Mission Center“ sind das Reiseziel zahlreicher Studienreisen der Gemeindewachstumsgruppen.

Die Predigten und Bücher Chos behandeln vor allem einige Themen, die das Besondere seines Dienstes ausmachen und als das Geheimnis seines Erfolges angesehen werden:

- Positives Denken, Motivation, Erfolg
- Visualisierung (Träume und Visionen) und die „vierte Dimension“
- Die schöpferische Kraft des gesprochenen Wortes

Die Botschaften Chos über diese Themen und seine Erfahrungen mit diesen Lehren zeigen, daß viele Parallelen zu den Lehren und Praktiken John Wimbers und anderen Männern der „Dritten Welle“ bestehen. Ich möchte zunächst versuchen, aus den Büchern von Y. Cho zu zeigen, was er lehrt, ohne seine Theorien zu bewerten.

1. Positives Denken/Motivation

Y. Chos Ausführungen über Erfolg und Wohlstand erinnern stark an die Predigten Robert Schullers, welcher der zur Zeit bekannteste Fernsehprediger der Welt sein dürfte. Seine Predigten werden sonntäglich von über 200 Fernsehsendern übertragen. Schuller hat es wie kein anderer verstanden, die Philosophie des positiven Denkens unter den Evangelikalen zu verbreiten.
Schullers Interpretation von Kreuz, Sünde und Selbstverleugnung sieht so aus:

> „Die herkömmliche Deutung der Worte Christi, daß wir ‚unser Kreuz auf uns nehmen sollen‘, muß dringend

reformiert werden... Also ist die Verkündigung des Denkens in Möglichkeiten die positive Verkündigung des Kreuzes! ...Jesus Christus war der größte Denker in Möglichkeiten, den die Welt je gesehen hat. Wagen wir es, ihm nachzufolgen?"[79]

„Ich glaube, nichts ist im Namen Christi oder unter der Fahne des Christentums getan worden, was sich auf die menschliche Persönlichkeit so zerstörerisch ausgewirkt hat und daher der Evangelisation so sehr im Wege stand wie die oft plumpe, ungeschickte und unchristliche Strategie, daß man erst einmal versucht, den Leuten klarzumachen, wie verloren und sündig sie sind."[80]

Schuller, welcher überzeugt ist, daß das Kreuz Christi „den Ego-Trip heiligen" wird und daß Jesus das Kreuz trug, um „seine Selbstachtung zu heiligen"[81], gehört zu den Predigern, die Yonggi Cho begeistert und wohl auch geprägt haben:

„In Amerika hat Dr. Robert Schuller über das ganze Land verteilt eine große Zuhörerschaft. Der Grund ist, daß er immer über ‚Möglichkeitsdenken' predigt, indem er Glauben, Liebe und Hoffnung in die Herzen seiner Zuhörer legt. Wenn ich in den Staaten bin und an einem Sonntag irgendwo in einem Hotel bin, und wenn ich ein christliches Fernsehprogramm sehen möchte, schaue ich Dr. Schullers ‚Stunde der Kraft' an. Ich weiß, ich kann darauf vertrauen, daß er mir Glauben, Liebe und Hoffnung in mein Herz legt. Seine Predigt baut mich auf. Ich habe einigen Predigern zugehört, darunter auch Predigten von gut bekannten Evangelisten, und wenn ich sie höre, schalte ich das Programm aus. Sie verdammen die Leute ständig, und dann fühle ich mich so deprimiert, daß ich nicht einmal beten möchte." [82]

Daher ist es auch naheliegend, daß R. Schuller das Vorwort zu Chos Buch „Die vierte Dimension" (engl. Ausgabe) geschrieben hat. Hier haben sich zwei Männer gefunden, die es verstanden haben, ein Thema auf verschiedene, aber wirkungsvolle Weise an den Mann zu bringen. Folgende Auszüge aus den Büchern von Yonggi Cho zeigen die geistige Verwandtschaft mit Robert Schuller und Norman Vincent Peale:

> „Der Heilige Geist wiederholte immer wieder: ‚Du bist ein Kind des Königs, eine wichtige Person. Handle wie der große Boß, der du bist!'"(83)

> „‚Hier kann es nicht geschehen. Hier ist ein zu harter Boden.' Diese negativen Aussagen müssen aus unserem Vokabular verschwinden; ein für allemal. Stattdessen müssen wir anfangen, die Sprache des Heiligen Geistes zu sprechen und ein neues Erfolgsdenken in den Köpfen unserer Leute aufbauen."(84)

> „Um andere zu motivieren, sich etwas zuzutrauen, müssen wir selber ein Erfolgsdenken haben, nicht nur in unseren Worten, sondern auch in unserer ganzen Lebensweise. Viele Gemeinden haben eine Stillstandhaltung, weil ihr Pastor kein besonderes Selbstimage besitzt. Aber ein gesundes Selbstwertgefühl ist die Grundvoraussetzung für seine leitende Funktion. Die Ursache eines mangelhaften Selbstwertgefühls kann etwa das folgende sein: keine attraktive Erscheinung, mangelhafte Ausbildung, zu wenig Disziplin, einfache Herkunft, wenig Können und schlechte Gesundheit. Diese Liste könnte man noch lange fortsetzen, aber die genannten Beispiele sind repräsentativ für die Ausreden, die jemand mit mangelndem Selbstwertgefühl von sich gibt."(85)

> „Was war der Schlüssel zu unserem praktischen

Geschäftserfolg? Wir haben unsere Gemeindeglieder gelehrt, wie sie die Kräfte ihrer vierten Dimension einsetzen können. Sie stellen sich ihren Erfolg bildlich vor. Wir befassen uns nicht mit negativem Denken, sondern aufgrund unseres positiven Denkens sprechen wir auch positiv."[86]

Obwohl Y. Cho – und das fällt positiv auf – persönlich einen „einfachen Stil" lebt und von sich sagt, „alles, was ich übrig habe, gebe ich unserem internationalen Missionsdienst"[87], so predigt er doch anderen ein Wohlstandsevangelium:

> „Ich glaube, daß es Gottes Wille ist, daß wir geistlich, leiblich und finanziell im Wohlstand leben."[88]

> „Armut ist ein Fluch Satans. Gott möchte, daß sein ganzes Volk erfolgreich und gesund ist, so wie es ihren Seelen wohlgeht (3. Joh. 1,2)."[89]

> „Was meine eigene Erfahrung betrifft, so ist das erste, was ich jeden Morgen – wenn der neue Tag ohne Wesen und Gesicht an mich herantritt – tue, daß ich diesem Tag einen Namen gebe und sein Wesen bestimme; so gebe ich diesem Tag ein ‚Gesicht'. Ich pflege zu sagen: ‚Vater, ich danke dir, daß du mir diesen neuen Tag schenkst. Neuer Tag, dein Name sei ‚Erfolg'. Heute von frühmorgens bis spät am Abend wirst du mir mit erfolgreicher und großer Wirksamkeit dienen.' Dann wird mir dieses ‚Geschöpf', der Tag, sicherlich mit weitgehendem und tiefgreifendem Erfolg dienen."[90]

2. Visualisierung („Inkubation", Visionen und Träume)

Norman Vincent Peale, einer der Väter des positiven Denkens, nannte die Visualisierung „das positive Denken um eine Stufe weiterentwickelt"[91].

Im Okkultismus, in heidnischen Religionen und teilweise auch in der Psychologie wird die Visualisierung als „Materialisierung mit Hilfe der intensiven Bildvorstellung" verstanden und praktiziert. Man lehrt, daß bildliche Vorstellungen stufenweise entwickelt werden, „bis sie die Wirklichkeit so sehr bestimmen, daß sie schließlich selbst die Wirklichkeit werden"[92].

Die Theorie ist einfach und scheinbar plausibel: Die Naturwissenschaften lehren, daß Materie in Energie verwandelt werden kann. Daher ist ihrer Meinung nach die Umkehrung auch möglich, daß Energie zu Materie wird. Da Gedanken und Geist Energie sind, soll also eine Materialisierung durch bestimmte Bewußtseinstechniken oder durch schöpferische Phantasie möglich sein.

In den deutschen Übersetzungen von Yonggi Chos Büchern kommt der Begriff „Visualisierung" selten vor, dafür aber entsprechende Begriffe wie „Inkubation" (= entwickelnde Einflußnahme), „brüten", „Visionen und Träume", „das Unterbewußtsein entwickeln", „intensive Vorstellungen". Cho berichtet, daß ihm die Erkenntnisse über die vierte Dimension in Verbindung mit der Vorstellungskraft durch eine besondere Offenbarung Gottes geschenkt worden seien.

Als ehemaliger Buddhist kannte Cho Krankenheilungen durch Yoga und Meditation und wußte von Zusammenkünften der japanischen „Sokakakai", bei denen Taube, Blinde und Stumme geheilt werden. Die Tatsache, daß innerhalb der christlichen Kirche im Gegensatz zu den orientalischen Religionen keine Wunder geschahen, brachte ihn in große Konflikte:

> „Eines Tages war ich in großen Schwierigkeiten, denn viele unserer Christen maßen Gottes Wundertaten keine besondere Bedeutung bei. Sie sagten: ‚Wie

können wir an Gott glauben als ein absolut göttliches Wesen, wie können wir Jahwe-Gott den einzigen Schöpfer im Himmel nennen? Wir sehen doch auch die Wunder im Buddhismus, im Yoga, bei den Sokakakai sowie in anderen orientalischen Religionen. Warum sollten wir behaupten, daß Jahwe-Gott der einzige Schöpfer des Universums ist?' ...So brachte ich ihre Fragen in einem Gebetsanliegen vor Gott... Dann kam eine herrliche Offenbarung in mein Herz. Von dieser Zeit an begann ich, diese Begebenheiten durch Vorträge in meiner Kirche in Korea zu erklären...

Da sprach Gott zu meinem Herzen: ‚Sohn, so wie die zweite Dimension die erste einschließt und kontrolliert und die dritte die zweite umfaßt und unter Kontrolle hat, so umschließt auch die vierte Dimension die dritte und hält sie unter Aufsicht, wodurch sie eine Schöpfung der Ordnung und Schönheit hervorbringt.'

Der Geist ist die vierte Dimension. Jedes menschliche Geschöpf ist ebenso ein geistliches wie ein körperliches Wesen. Die Menschen haben die vierte Dimension genauso wie die dritte Dimension in ihren geistlichen Herzen."[93]

„Ein Traum oder eine Vision ist das Grundmaterial, das der Heilige Geist benutzt, um etwas für uns zu bauen. Die Bibel sagt: ‚Wo keine Vision ist, geht das Volk zugrunde' (Spr. 29,18). Ohne Vision produziert man nichts.

Träume und Visionen sind das Grundmaterial, mit dem der Heilige Geist arbeitet. Ich sage immer, daß Träume und Visionen die Sprache des Heiligen Geistes sind. Wenn man die Sprache nicht spricht, bringt es keine Frucht. Der Heilige Geist möchte mit uns reden, aber Er kann es nicht ohne unsere Träume und Visionen.

Wenn Gott in der Bibel irgend etwas für irgend jemanden tun wollte, hat Er immer zuerst Träume und Visionen in ihr Herz gelegt."[94]

Die Folgerungen aus diesen Erkenntnissen sehen so aus:

„Also können sie dadurch, daß sie ihre geistliche Sphäre der vierten Dimension durch Entwicklung konzentrierter Visionen und Träume in ihren Vorstellungen erforschen, über der Dimension ‚brüten' und sie entwickeln, indem sie auf sie Einfluß nehmen und sie verändern. Das lehrte mich der Heilige Geist."[95]

„Wenn Ihnen Gott einmal eine Vision gegeben hat, dann müssen Sie lernen, sich Zeit zu nehmen, darüber zu ‚brüten'. Sie müssen mit dieser neuen Vorstellung buchstäblich schwanger gehen, gleichgültig, was andere davon halten.

Das ist der Kern meiner christlichen Philosophie. Hierauf basieren alle Prinzipien der Arbeit für das Gemeindewachstum. Ich nenne dies ‚Visionen und Träume'. Ich habe in der ganzen Welt viele Beispiele gesehen, wie die Anwendung von ‚Visionen und Träumen' tatsächlich das Vorstellungsvermögen eines Menschen erweitert."[96]

Um seine „christliche Philosophie" biblisch abzustützen, führt Y. Cho folgende Belege an:

„In der Genesis entwickelte sich der Geist des Herrn und brütete über dem Wasser; Er war wie eine Henne, die auf ihren Eiern sitzt und Küken ausbrütet, indem sie sie zur Entwicklung bringt."[97]

„...Dann versprach ihm (dem Abraham) der himmlische Vater: ‚Deine Kinder werden so zahlreich wie diese Sterne sein.' Abrahams Gefühle gingen mit ihm

– durch! ...Er konnte nicht einschlafen, wenn er seine Augen schloß; denn er sah all die Sterne, die sich in die Gesichter seiner Nachkommen verwandelten und immer wieder riefen: ‚Vater Abraham!'

– Diese Bilder kamen fortwährend in seine Gedanken und wurden seine eigenen Träume und Bilder: Sogleich wurden sie Teil seiner vierten Dimension, in der Sprache geistlicher Visionen und Träume über seinen hundert Jahre alten Körper, so daß dieser bald umgewandelt wurde, als wäre er ein junger Leib... Also konnten ein Traum und eine Vision diese Veränderungen bei Abraham bewirken; nicht nur in seinen Gedanken, sondern ebenso auch in seinem Leib."(98)

„Abrahams vierdimensionale Kraft begann ihre Arbeit, die dazu führte, daß ein hundertjähriger Mann auf natürliche Weise ein Kind zeugen konnte. Dies geschah, weil die vierdimensionalen Umstände die dreidimensionalen physikalischen Umstände beherrschten."(99)

Weitere Beispiele sieht Cho im Leben Jakobs (die Vermehrung seiner Viehherden), in Josefs Träumen, im Bau der Stiftshütte, nachdem Mose eine „Vision" empfangen hatte, im Leben der Propheten und im Leben des Petrus, der nach seiner Interpretation deswegen ein „Fels" wurde, weil er eine Vision in seinem Herzen trug. Dagegen blieb Isaaks Leben nach Yonggi Chos Überzeugung mittelmäßig, weil er kein Träumer war.

Alltagserfahrungen mit „Visualisierung"

Um deutlich zu machen, wie sich Chos Lehren über die vierte Dimension und Inkubation im Alltag auswirken, möchte ich einige Beispiele, die Cho in seinen Büchern erzählt, anführen. (Leser, die sich ein wenig mit positivem Denken usw. befaßt haben, werden bei der folgenden Geschichte erkennen, daß sie genausogut in Napoleon Hills Bestseller „Denke nach und werde reich“ stehen könnte.)

Eines Tages kam ein Bäcker zu Cho, der um Fürbitte bat, weil seine Bäckerei trotz aller Bemühungen vor dem Konkurs stand. Cho berichtet:

> „Nachdem ich für ihn gebetet hatte, erklärte ich ihm das Prinzip der Visionen und Träume. Ich sagte: ‚Gehen Sie zurück in Ihre Bäckerei, Herr Ho. Stellen Sie sich vor, das Geschäft läuft wieder glänzend. Fangen Sie an, Ihr Geld zu zählen in der leeren Kasse. Und sehen Sie sich die Kundschaft an, die vor Ihrem Laden Schlange steht!‘
>
> ...Nach ungefähr zwei Monaten kam ein lächelnder Herr Ho in mein Büro. ‚Dr. Cho, Sie hatten recht. Ich habe es erst nicht verstanden, was Sie sagten. Ehrlich gesagt, ich habe das für verrückt gehalten. Aber Sie sind ein Mann Gottes, und ich glaube, dem Pastor muß man gehorchen. Jetzt müssen meine Frau und ich der Kirche einen Scheck überreichen‘. Ich schaute nach unten und sah zu meinem Erstaunen einen Scheck über tausend Dollar. Es war sein Zehnter.“[100]

Die folgende Geschichte spielte sich in Deutschland ab. Nach einem Vortrag kamen zwei Prediger zu Cho, in der Hoffnung, einen VW von ihm zu bekommen. Sein Rat lautete:

> „‚...Warum brüten Sie nicht jetzt gleich für einen?‘ ‚Wie sollen wir brüten?‘ erkundigten sie sich staunend. ‚Brüten ist ein wichtiger Vorgang beim Gebet‘. erläuterte ich. ‚Wenn Sie immer hoffen, können Sie niemals

brüten... Fangen Sie also an zu brüten. Schlagen Sie ihre Notizbücher dort auf, wo leere Seiten sind. Und nun wies ich sie an, ‚Stellen Sie sich genau den VW vor, den Sie wollen. Wieviele haben darin Platz? Welche Farbe hat er?‘

‚Er ist grün und hat für vier Personen Platz‘, gaben sie zur Antwort. ‚Gut. Schreiben Sie das auf. Schließen Sie dann die Augen und stellen Sie sich den VW in Gedanken vor. Fangen Sie nun an, alle Möglichkeiten zu durchdenken, wie Sie genügend Geld zum Kauf des VW auftreiben könnten. Kleben Sie sich eine Beschreibung Ihres VW an die Wand in Ihrem Schlafzimmer. Lesen Sie den Zettel abends vor dem Schlafengehen... Stellen Sie sich vor, wie Sie einsteigen, den Zündschlüssel einstecken... Sagen Sie sich dann: Dies ist mein VW. Danken Sie Gott für Ihren VW und glauben Sie. Hoffnung trägt nicht den vollentwickelten Embryo einer Idee in sich, aber wenn wir mit Glauben über einer von Gott gegebenen Vorstellung brüten, ist da etwas Reales.‘“(101)

Nach wenigen Monaten besaßen die beiden Prediger den „ausgebrüteten“ VW und Cho erklärte dazu:

„Wir müssen das Prinzip des Brütens anwenden und so aus dem Embryo eines Gedankens die Realität eines Wunders werden lassen.“(102)

Ähnlich verläuft die Geschichte, die Cho von einer Frau berichtet, die bisher vergeblich nach einem Mann gesucht hatte. Cho forderte sie auf, die gewünschten Eigenschaften ihres Traummannes zu notieren: die Nationalität, Größe, Körperform, Beruf, Hobby usw. Schließlich sagte er ihr, nachdem sie noch einmal die Liste ihrer Wünsche vorgelesen hatte:

„Nun schließen Sie bitte ihre Augen. Können Sie ihren zukünftigen Gatten jetzt sehen?‘ ‚Ja‘, erwiderte sie, ‚ich kann ihn mir genau vorstellen.‘

‚Okay, dann wollen wir ihn jetzt bestellen. Ehe Sie ihn nicht deutlich in Ihrer Vorstellung sehen, können wir ihn nicht von Gott erbitten, da Er nie antworten würde…‘

…Dann bat ich sie noch: ‚Schwester, nehmen Sie bitte dieses beschriebene Blatt mit nach Hause und kleben Sie es an einen Spiegel, und jeden Morgen und Abend lesen Sie es laut und preisen Gott für die Antwort.‘“[103]

Nach einem Jahr war die Schwester mit dem bestellten Mann glücklich verheiratet. An ihrem Hochzeitstag nahm ihre Mutter das beschriebene Papier mit den zehn Punkten und las es den Gästen vor, um es danach zu zerreißen.

3. Die schöpferische Kraft des gesprochenen Wortes

Cho geht von der Theorie aus, daß das Sprachzentrum im Gehirn die Herrschaft über alle anderen Nerven besitzt. Diese Theorie hat er von einem Neurologen übernommen, der ihn davon überzeugt hat, daß das gesprochene Wort jemandem Kontrolle über seinen ganzen Körper geben und ihn nach eigenen Wünschen manipulieren könne. Der Neurologe erklärte u.a.:

„Wenn sich also jemand immer wieder einredet: ‚Ich bin alt und erschöpft und kann das nicht tun‘, dann reagiert sofort die Kontrolle in der Sprechzentrale und gibt entsprechende Anweisungen, die das bewirken. Die Nerven reagieren dann: ‚Ja, wir sind zu alt und sind bereit fürs Grab; laßt uns bereit sein, uns aufzulösen.‘ Wenn jemand immer wieder sagt, daß er alt sei, dann wird diese Person tatsächlich bald sterben.“[104]

Cho bekannte nach dieser Begegnung:

„Diese Unterhaltung hatte große Bedeutung für mich und hinterließ einen nachhaltigen Eindruck auf mein weiteres Leben, denn ich konnte daraus ersehen, daß der Gebrauch des gesprochenen Wortes eine wichtige Voraussetzung für ein erfolgreiches Leben ist."[105]

Bedeutsam ist jedoch, daß Y. Cho behauptet, daß Gott selbst ihm auch dieses Prinzip offenbart habe. Während er im Anfang seines Dienstes predigte, sah er „auf dem Bildschirm seines Inneren", wie Menschen von Tuberkulose geheilt wurden, Tumore verschwanden, und Krüppel ihre Krücken wegwarfen, weil sie plötzlich wieder gehen konnten. Cho empfand diese Bilder zunächst als eine Störung Satans und sagte jedesmal: „Du Geist der Behinderungen, verlasse mich! Ich befehle Dir auszufahren, verschwinde!"[106]

„Doch dann hörte ich in meinem Herzen Gottes Stimme zu mir reden: ‚Mein Sohn, das ist keine Behinderung Satans; es ist das Verlangen des Heiligen Geistes, was du siehst. Es ist das Wort der Weisheit und der Erkenntnis. Gott möchte diese Menschen heilen, doch er kann es nicht tun, bevor du sprichst.'"[107]

Seit dieser „Offenbarung" sprach dann Cho in den Versammlungen alle Heilungen aus, die er in seinem Inneren sah. „Während ich also dastehe, zeigt mir der Herr die Heilungen, die stattfinden und ich rufe sie aus. Ich schließe einfach meine Augen und spreche los. Im Erkennen der Tatsache, daß sie geheilt sind, stehen Menschen auf."[108]

Diese Erfahrungen veranlaßten Y. Cho zu folgenden Aufforderungen:

„Beanspruchen Sie und sprechen Sie das Wort der Zusicherung; denn ihr Wort geht tatsächlich hinaus und ist schöpferisch. Gott sprach, und die ganze Welt kam zustande. Ihr Wort ist das Material, welches der Heilige Geist verwendet, um schöpferisch zu sein."(109)

Schließlich geht Cho noch einen Schritt weiter und lehrt, daß wir Kraft unseres gesprochenen Wortes die „Gegenwart Christi" hervorbringen und „die Kraft Jesu" freisetzen können:

„Jesus wird gebunden an das, was Sie aussprechen. Ebenso, wie Sie die Kraft Jesu durch Ihr gesprochenes Wort freisetzen können, so können Sie auch die Gegenwart Christi dadurch bewirken. Wenn Sie nicht das Wort des Glaubens klar aussprechen, kann Christus niemals freigesetzt werden."(110)

„Seien Sie kühn; empfangen Sie die Gabe der Kühnheit, und sprechen Sie das Wort! Sprechen Sie es klar aus und erzeugen Sie die besondere Gegenwart Jesu Christi. Setzen Sie diese Nähe Jesu für ihre Gemeinde frei, und Sie werden bestimmte Ergebnisse erhalten."(111)

„Letztlich formt Ihr Wort Ihr Leben, denn Ihr Sprach-Nervenzentrum kontrolliert alle Nerven. Darum ist das Sprechen in anderen Zungen das Anfangszeichen der Taufe im Heiligen Geist. Wenn der Heilige Geist das Sprachzentrum übernimmt, dann erfaßt er alle Nerven und kontrolliert den ganzen Körper. Wenn wir also in anderen Zungen sprechen, werden wir mit dem Heiligen Geist erfüllt... Geben Sie das Wort dem Heiligen Geist, so daß Er etwas dadurch schaffen kann. Dann führen Sie die Gegenwart Jesu Christi herbei und setzen sie frei durch Ihr gesprochenes Wort... Darum denken Sie daran, daß Christus von Ihnen abhängig ist und von Ihrem gesprochenen Wort, um Seine Gegenwart freizusetzen."(112)

Abschließend möchte ich noch einmal betonen, daß Y. Cho sich zwar auf „Gottes Offenbarung“ beruft, aber keinen einzigen Bibelvers nennen kann, um diese Theorien zu stützen.

Um den Rahmen dieses Buches nicht zu sprengen, verzichte ich hier auf eine ausführliche biblische Beurteilung der Lehren und Praktiken von P. Yonggi Cho und weise auf die Kapitel „Positives Denken“, „Visualisierung“ und „Evangelium und Wohlstand“ in dem Buch „Spiel mit dem Feuer“ (S. 209-241) hin.

Durch die Ausführungen Chos wird deutlich, daß er unter „Glauben“ etwas völlig anderes versteht, als was die Bibel darüber lehrt. Biblischer Glaube ist ein festes Vertrauen auf Gottes Zusagen und Verheißungen. Cho dagegen lehrt, daß Glaube eine „vierdimensionale Kraft“ ist, die man durch Visualisierung in sich selbst entwickelt, um damit Dinge zu schaffen, zu beeinflussen oder zu verändern.

P. Yonggi Cho gibt zu, daß Yogis und Buddhisten diese Kräfte der „vierten Dimension“ nutzen, glaubt aber dennoch, daß diese Kräfte eine Gabe Gottes sind. Sicherlich ist das von Cho aufrichtig gemeint, aber das ändert nichts an der Tatsache, daß er maßgeblich daran beteiligt ist, okkulte Praktiken christlich zu „taufen“ und zu verbreiten. Seine Gemeindewachstumserfolge und seine in einzelnen Bereichen gesunden Ansichten dürfen uns für diese äußerst ernste Tatsache nicht die Augen verschließen.

P. Yonggi Chos Lehren über die „vierte Dimension“ zerstören den biblischen Glauben. Deshalb muß Cho als Irrlehrer bezeichnet werden.

Die „Dritte Welle" in Deutschland

Die „Wimber-Kongresse" in Hochheim (1986) und Frankfurt (1987 und 1988) haben das Anliegen der „Dritten Welle" einem breiten Publikum und vor allem vielen kirchlichen Mitarbeitern vorgestellt. Organisatoren dieser Veranstaltungen waren „Projektion J"(damals noch mit G. Oppermann) in Verbindung mit der „Geistlichen Gemeindeerneuerung".
Inzwischen arbeitet die Gemeindewachstumsbewegung (AGGA) mit der „Geistlichen Gemeindeerneuerung" (GGE) zusammen, um Konferenzen und Großveranstaltungen mit Leitern der „Dritten Welle" durchzuführen.
Da die Gemeindewachstumsbewegung in Deutschland viele Gesichter hat und einige Gruppen sich nicht mit den Erkenntnissen Wagners, Wimbers und Chos identifizieren, möchte ich versuchen, die Geschichte dieser Bewegung kurz darzustellen, um Mißverständnisse zu vermeiden.

Die Gemeindewachstumsbewegung (AGGA)

Als Gründer der internationalen Gemeindewachstumsbewegung gilt der 1897 in Indien geborene Missionarssohn Donald A. McGavran, der sich sicher nicht zur „Dritten Welle" zählen wird.

Von 1923 – 1954 arbeitete er als Missionar in Indien und 1955 schrieb er das Buch: „The Brigdes of God", welches den Beginn der Gemeindewachstumsbewegung markiert. In den folgenden Jahren untersuchte McGavran in verschiedenen Ländern das Wachstum von Gemeinden. 1961

wurde in Eugene/USA das erste „Institute of Church Growth“ gegründet, welches McGavran die Möglichkeit gab, noch intensiver die Strukturen und Prinzipien von Gemeindewachstum zu erforschen.
1965 wurde dieses Institut dem „Fuller Theological Seminary“ in Pasadena eingegliedert.
Fünf Jahre später erschien das Buch „Understanding Church Growth“, das als Standardwerk der Bewegung gilt, und in diesem Jahr begann auch C. Peter Wagners Mitarbeit am Institut, der neben McGavran als weltweit führender Gemeindewachstums-Experte gilt.

In Deutschland waren es vor allem Bernd Schlotthoff (Herne), Roger Bosch, Dennis Griggs (Gießen) und Jörg Knoblauch (Giengen), die das Anliegen der Gemeindewachstumsbewegung Ende der 70er Jahre bekannt gemacht haben.

1976 veranstaltete der Unternehmer J. Knoblauch die erste Studienreise in die USA, und 1978 wurde vom „Institut für Gemeindeaufbau“ in Gießen das erste Gemeindewachstumsseminar unter der Leitung von Roger Bosch, dem ehemaligen Assistenten von C.P. Wagner, durchgeführt.
1979 erschien die erste Ausgabe der Zeitschrift „Gemeindewachstum“, welche bis heute das auflagenstärkste und bekannteste Organ dieser Bewegung ist. Inzwischen wird diese Zeitschrift von der „Arbeitsgemeinschaft für Gemeindeaufbau e.V.“ (AGGA) unter der Schriftleitung von Christian A. Schwarz herausgegeben. Zur Redaktion gehören (1991) Sven Jakobsen, Wilhelm Hecke, Jörg Knoblauch, Roger Bosch, Bernd Schlotthoff, Martin Wollin und Wolfgang Simson.

Im Jahr 1979 erschienen auch die ersten Bücher zum Thema Gemeindewachstum, wovon besonders die Bücher „Überschaubare Gemeinde“ in drei Bänden von dem

Herner Superintendenten Fritz Schwarz bekannt wurden. Ab 1980 wurden in Herne von Pfarrer Bernd Schlotthoff jährlich Pfarrer und kirchliche Mitarbeiter in einem Studienkolleg im evangelistischen Besuchsdienst geschult. 1985 wurde die AGGA gegründet, die sich aus vier Institutionen zusammensetzt:

1. „Gemeindewachstum – Arbeitskreis für Gemeindeaufbau" (Giengen)
2. „Evangelisches Studienkolleg für Gemeindewachstum/Überschaubare Gemeinde" (Herne)
3. „Institut für Gemeindeaufbau" (Gießen)
4. „Aktion Gemeindeaufbau" (Limburgerhof)

Der 1. Vorsitzende, Bernd Schlotthoff, äußerte damals: „Die Zeit der Abgrenzung von Christen untereinander ist endgültig vorbei. Jetzt geht es darum, gemeinsam zu planen, zu arbeiten und zu beten."(1)

Zum Vorstand gehören nicht nur die Vorsitzenden der vier Institutionen, sondern auch Vertreter weiterer Gruppen, die Gemeindewachstum fördern wollen, wie z.B. Jürgen Blunck und Klaus Eickhoff. Das Konzept der AGGA lautet: Gemeindeaufbau innerhalb der Volkskirche.

Bernd Schlotthoff äußerte dazu in einem Interview:

> „Unser Schwerpunkt sind die evangelischen Landeskirchen. Das schließt die Zusammenarbeit mit Freikirchen keinesfalls aus, aber man muß doch sehen, daß die Probleme in Landes- und Freikirchen sehr unterschiedlich sind. Im übrigen sehen wir gerade in der so stark angegriffenen Volkskirche so viele Chancen für den Gemeindeaufbau, so viel Offenheit und gute Zusammenarbeit, daß wir den Auftrag, den wir in dieser Kirche haben, nutzen wollen."(2)

W. Kopfermann bezeichnete die AGGA als „Brückenpfeiler und Gesprächsforum“ der verschiedenen geistlichen Bewegungen in Deutschland. Arbeitsbereiche der AGGA sind vor allem:

- Zeitschrift „Gemeindewachstum“ (vierteljährlich)
- Herausgabe und Vertrieb von Studienmaterial und Büchern zum Thema Gemeindewachstum
- Seminare und Gemeindewachstumstage
- Studienreisen in die USA und nach Südostasien

In den Jahren von 1979 bis zu seinem frühen Tod im Jahr 1985 war der Herner Superintendent Fritz Schwarz einer der „Hauptmotoren“ der Gemeindewachstumsbewegung. Die zahlreichen Bücher und Aufsätze von Schwarz haben besonders innerhalb der evangelischen Landeskirche viele Diskussionen ausgelöst und viele Türen für diese Bewegung geöffnet. F. Schwarz hatte einen pietistischen Hintergrund und war eine kurze Zeit hauptamtlich als Gemeinschaftsprediger tätig, bevor er Pfarrer und schließlich bis ans Lebensende Superintendent in Herne wurde.

Für Kirchenfunktionäre war Fritz Schwarz ein unbequemer und herausfordernder Gesprächspartner, dem ein „brüderlicher, fröhlicher Streit“ immer gelegen kam und der eine Möglichkeit zur Provokation mit Freuden nutzte. Sein Sohn Christian A. Schwarz berichtet darüber:

> „Theologische Dispute, in denen er teilweise auf die immer gleichen Abwehrmechanismen eingehen mußte, machten ihm ungeheuren Spaß. Er empfand derartige Auseinandersetzungen geradezu als ausgesprochen entspannend.“(3)

Schwarz gehörte zu den wenigen Theologen, die alles andere als langweilig waren und er verstand es, auch seine

Bücher so zu schreiben, daß sie von Freunden und Kritikern zumindest gelesen wurden, wenn sie auch teilweise auf Ablehnung gestoßen sind.

Erfrischend ist sein Sinn für Humor und wohltuend seine manchmal ironische Selbstkritik und Aufrichtigkeit, wie sie z.B. in seinem Buch „Unter allen Stühlen" deutlich wird. Doch bei aller Sympathie und Wertschätzung für den Menschen Fritz Schwarz, kann man die Augen nicht vor der Tatsache verschließen, daß seine Theologie des kleinsten gemeinsamen Nenners unhaltbar und verhängnisvoll ist. Er relativiert tatsächlich die Frage nach der Wahrheit: „Jesus selbst lieber zu haben als das eigene Kirchentum und die eigene Dogmatik – das ist keine Relativierung der Wahrheitsfrage, sondern ihr höchstes Ernstnehmen"(4) klingt zwar fromm und ist sicher auch so gemeint, geht aber am Kern der Problematik vorbei. Und diesen Vorwurf muß man heute leider vielen evangelikalen Theologen machen, daß sie möglicherweise ein „pietistisches Herz", jedoch einen „historisch-kritischen Kopf" haben und sich dabei dieser Schizophrenie nicht bewußt sind.

Fritz Schwarz „verweigerte sich". Er wollte nicht wählen zwischen Bekenntnisbewegung und GGE, zwischen Kopfermann und Deitenbeck, weil er beide schätzte und mit beiden zusammenarbeiten wollte.
Auch in der Frage des Schriftverständnisses verweigerte er sich dem Streit „zwischen historisch-kritischer Forschung und Fundamentalismus", weil er sich mit beiden verbunden fühlte.

> „Ich verweigere mich dem Streit zwischen historisch-kritischer Forschung und dem Fundamentalismus. Schwestern und Brüder, die sich der historisch-kritischen Forschung konservativ oder auch progressiv verpflichtet wissen, haben mir den auferstandenen Herrn

so vollmächtig bezeugt, daß mein Glaube gestärkt wurde. Ich gebe allerdings zu, daß ich manchmal auch Klägliches, Arrogantes, Dummes, Selbstsicheres von ihnen zu hören bekam.“(5)

„Ich verweigere mich, wenn sie fordern, ich müsse die Finger weg lassen von der historisch-kritischen Methode der Theologen, um mich zur Ehre Gottes auf einen Fundamentalismus einzulassen. Historisch-kritische Theologie hat mir bei allem Unsinn, den sie auch hervorgebracht hat, so viel Schönes gezeigt, daß ich auf sie nicht verzichten will.“(6)

„Aber entscheidend wichtig ist mir, daß ein Mensch dem Herrn begegnet, den das so wunderbar einfache Evangelium bezeugt, um sich am Heiland Gottes von ganzem Herzen zu freuen. Mag er sich auf pietistisch oder auf entmythologisiert, auf orthodox oder auf liberal daran freuen.“(7)

Die Formel vom „einfachen Evangelium“, die F. Schwarz aufgestellt hat, lautet: „Wer dieses Geschenk Gottes annimmt und Jesus für konkurrenzlos wichtig in seinem Leben werden läßt, der ist Christ geworden.“(8) Alle anderen Fragen waren für ihn zwar nicht unwichtig, aber nicht entscheidend.

Dieses „einfache Evangelium“ machte es F. Schwarz unmöglich, Männern die Bruderschaft zu verweigern, die diesem Evangelium zustimmten, hießen sie nun Bultmann, Käsemann, Moltmann, Bergmann oder Huntemann.

„Der Gemeindeaufbau setzt keinesfalls eine Einheitstheologie voraus. Für ihn ist nicht entscheidend, wie jemand seine trinitarischen Probleme löst, welchen Schrifttheorien er den Vorzug gibt, wie er Gesetz und Evangelium einander zuordnet, mit welchem Abendmahlsverständnis er operiert.“(9)

Ebenso „verweigerte“ sich Schwarz, die Trennung von Evangelischen und Katholiken zu „durchleiden“. Wie bereits aufgezeigt wurde, zählte Fritz Schwarz den kath. Dogmatiker Heribert Mühlen zu denen, welchen er „entscheidende Impulse für sein eigenes geistliches Leben verdankte“. So sind dann auch seine Ausführungen über die „wahre Ökumene auf höchster Ebene“ folgerichtig und ein Spiegelbild seiner Auffassungen und Träume:

> „Die ökumenische Kommission, die sich demnächst auf lokaler oder höchster Ebene trifft, beginne ihre Begegnung mit einem Fest der Einheit in der Liebe Christi! Ich stelle mir vor: Prälaten und Kardinäle, Oberkirchenräte und Bischöfe tanzen um den Altar – gleichgültig, ob es ein evangelischer oder katholischer ist –, klatschen in die Hände, strahlen sich an, singen, jauchzen, lachen, weinen vor Freude, weil sie in Christus geliebt sind, in dem Christus, der alle Barrieren zwischen ihnen und Gott – und damit auch zwischen ihnen untereinander niedergerissen hat.“(10)

AGGA und die „Dritte Welle“

Auch wenn einzelne führende Männer der AGGA die Nähe der Gemeindewachstumsbewegung zur „Dritten Welle“ heruntergespielt haben, so sprechen folgende Tatsachen für sich:

Studienreisen

Ziel der Studienreisen, die vor allem von J. Knoblauch organisiert werden, sind nach wie vor Centren der „Dritten Welle“ in den USA und das „Mekka der Charismatiker“: Seoul/Korea. Begegnungen mit C.P. Wagner stehen auf dem Programm und ebenso Besuche von R. Schullers

„Crystal Cathedral“ und J. Wimbers „Vineyard“, sowie Yonggi Chos Kirche in Seoul.

Literaturempfehlungen

Zu den Büchern, die regelmäßig in „Gemeindewachstum“ unter dem Gütezeichen „für Sie ausgewählt und geprüft“ empfohlen werden, gehören u.a. die Bücher von C.P. Wagner und das Buch von R. Schuller „Your Church Has Real Possibilities“.

Zeitschrift „Gemeindewachstum“

In den Ausgaben der letzten Jahre sind immer wieder Artikel, Interviews, Konferenzberichte von oder über J. Wimber, Y. Cho, C.P. Wagner und – allerdings etwas vereinzelter – auch von R. Bonnke zu lesen, in welchen diese Repräsentanten der „Dritten Welle“ zu Wort kommen oder als Musterbeispiele für Gemeindewachstum vorgestellt werden.

Natürlich kann man in „Gemeindewachstum“ auch sehr gute Artikel lesen. Es kann auch nicht geleugnet werden, daß durch die Arbeit der Gemeindewachstumsbewegung das Wort „Bekehrung“ in vielen evangelischen Kirchen wieder zu einem Begriff und einer lebendigen Erfahrung geworden ist, wofür wir Gott dankbar sein können. Auch kann man erstaunt feststellen, daß einige Autoren in „Gemeindewachstum“ sich nicht scheuen, Tatsachen beim Namen zu nennen und damit den Unwillen der kirchentreuen Gemeindewachstumssympathisanten herauszufordern. So hat z.B. Bernd Schlotthoffs treffende Bemerkung „98% der Pfarrer wissen nicht, wie man Menschen zu Jesus führt“(11) ziemlichen Kirchenstaub aufgewirbelt. Man kann auch nur dankbar sein, daß durch die Gemeindewachstumsbewegung wichtige neutestamentliche Prinzipien (Geistesgaben zum Aufbau der Gemeinde usw.) zur Sprache gekommen sind und zur Belebung vieler Christen innerhalb der Landeskirche beigetragen haben.

Die große Gefahr dieser Bewegung sehe ich in ihrer liberalen Haltung in der Frage des Schriftverständnisses (Inspirationsvertändnis) und auch extremen charismatischen Lehren und Praktiken gegenüber. Bernd Schlotthoff hat als 1. Vorsitzender der AGGA die Einstellung zur charismatischen Bewegung und zur „Dritten Welle“ folgendermaßen ausgedrückt, – wobei die Nähe zu Fritz Schwarz auffällt:

> „In der Gemeindeaufbau-Bewegung arbeiten Christen mit, die sich als ‚Charismatiker‘ sehen und solche, die sich als ‚Nichtcharismatiker‘ einstufen würden. Beide Gruppen können zusammen arbeiten, weil sie sich im Ziel einig sind: Gemeinde Jesu zu bauen. Ihre unterschiedliche Akzentuierung im Blick auf ‚Zeichen und Wunder‘ ist keine Bedrohung, sondern eine Bereicherung... Ich bin davon überzeugt: Gemeindeaufbau kann mit und ohne ‚Zeichen und Wunder‘ geschehen. Ich halte nicht viel davon, mich nach allen Seiten abzugrenzen. Ich möchte mit allen zusammenarbeiten, mit denen ich in der Liebe zu Jesus und im Ziel des Gemeindeaufbaus einig bin.“(12)

Mit der Einladung C.P. Wagners als Hauptredner auf dem „Gemeinde-Kongreß ’91“ in Nürnberg wurde neu deutlich, daß die AGGA das Anliegen der „Dritten Welle“ vertritt und unterstützt.

Die „Geistliche Gemeinde-Erneuerung in der Evangelischen Kirche" (GGE)

Die Wurzeln der GGE liegen in den Enkenbacher und Königssteiner Tagungen 1963 und 1965, zu denen Pfarrer A. Bittlinger eingeladen hatte. Viele Pfarrer und kirchliche Mitarbeiter wurden in den folgenden Jahren für das Anliegen der Charismatischen Bewegung gewonnen, jedoch mit der besonderen Zielsetzung der Erneuerung der Evangelischen Kirche.

1976 bildete sich ein Koordinierungsausschuß von zehn Mitgliedern, der am 2. März 1976 in Würzburg die „Theologischen Leitlinien der Charismatischen Gemeinde-Erneuerung in der Evangelischen Kirche" herausgab. Diese Leitlinien machen das Selbstverständnis der GGE deutlich:

> „Die Charismatische Gemeinde-Erneuerung ist eine geistliche Erweckungsbewegung innerhalb der Kirche. Sie sieht sich im Schnittpunkt vieler Linien theologischer und spiritueller Impulse in der gegenwärtigen Christenheit, und ihr liegt daran, in die ganze Breite der Kirche hineinzuwirken. Insbesondere geht es ihr um den Aufbau lebendiger und missionarisch verantwortlicher Gemeinden..."(13)

> „...Durch die Charismatische Erneuerung wird eine Volkskirche in Frage gestellt, die durch Passivität und Gleichgültigkeit der meisten ihrer Mitglieder bestimmt ist. Die Charismatische Gemeinde-Erneuerung steht jedoch in der Mitte der Kirche und in der Kontinuität ihrer Lehrtradition. Sie sucht den Dialog mit allen Richtungen der Theologie, die beitragen zur Erneuerung der Kirche. Ihr Ziel ist die charismatisch erneuerte Kirche, die eine eigene charismatische Bewegung überflüssig macht..."(14)

Auch in der erneuerten Ausgabe der „Erstinformation" (1987) heißt es:

> „Die Geistliche Gemeinde-Erneuerung bekennt sich zur verfaßten Kirche als dem ihr von Gott zugewiesenen Platz (Heimat und Arbeitsstelle zugleich). Sie glaubt und bekennt, daß Gott diese Kirche trotz ihrer Schuld und offensichtlichen Verfallserscheinungen heute die Treue hält; sie widersteht allen Versuchungen, diese Kirche innerlich oder gar äußerlich zu verlassen. Sie betet um eine Erneuerung dieser Kirche und setzt sich aktiv dafür ein."(15)

1978 wurde Wolfram Kopfermann, von 1974–1988 Pastor an der Hamburger Hauptkirche St. Petri, zum Leiter gewählt. Bis zu seinem Austritt aus der Ev. Kirche im Jahr 1988 hat er die GGE entscheidend geprägt. Ebenfalls 1978 erschien der erste „Rundbrief" der GGE, welcher von W. Kopfermann bis zu seinem Austritt redigiert wurde. Dieser in unregelmäßigen Abständen erscheinende Rundbrief entwickelte sich unter seiner Schriftleitung zu einem Kontaktblatt von 20 – 30 Seiten, in welchem Aufsätze zu meist charismatischen Themen, Berichte von Tagungen, Zeugnisse, Stellungnahmen und Tagungsangebote veröffentlicht wurden.

1980 wurde in Hamburg die Geschäftsstelle der GGE gegründet, dort arbeiten mehrere Mitarbeiter neben- und hauptberuflich mit.

Die GGE bekennt sich weitgehend zu den Auffassungen und Praktiken der Charismatischen Bewegung, grenzt sich allerdings in den Fragen des Zungenredens und der Geistestaufe von den üblichen Lehren ab:

> „So sehr wir die Gabe des Sprachenredens schätzen, so wenig können wir im NT eine unabdingbare Ver-

knüpfung zwischen Geisterfüllung und Sprachengebet erkennen. Die Apostelgeschichte etwa berichtet von Beispielen der Geisterfüllung, bei denen es zum Durchbruch des Sprachengebetes kam, aber sie beweist nicht die Allgemeingültigkeit solcher Erfahrungen...
Die Verwendung des Begriffes Geistestaufe implizierte üblicherweise eine Abwertung der Wassertaufe. Ein sakramentales Verständnis der Wassertaufe, wie es jedenfalls für die katholische und die lutherische Kirche selbstverständlich ist, wurde von den Vertretern der „Geistestaufe" in der Regel bestritten. Nach dem NT ist aber das (mit Wasser) Getauftsein Grundlage persönlicher und gemeindlicher Glaubensexistenz..."(16)

Ansonsten bekennt sich die GGE zur „Wissenschaftlichen Theologie":

> „Die CHARGE (GGE) bekennt sich zur Notwendigkeit wissenschaftlicher Theologie für die Kirche. Sie bejaht damit auch die historische Betrachtungsweise der Heiligen Schrift, wie sie es auch für selbstverständlich hält, die Erfahrungen innerhalb der Charismatischen Bewegung gegenüber unterschiedlichsten wissenschaftlichen Fragestellungen nicht auszugrenzen."(17)

Interessant ist, daß sowohl W. Kopfermann, als auch sein Nachfolger in der GGE, F. Aschoff, betonen, eine „biblische" aber nicht „biblizistische" Exegese des NT und AT zu betreiben, was beinhaltet, daß sie zwar die Ergebnisse der historisch-kritischen Forschung ablehnen, aber die Methode (Quellenscheidung usw.) bejahen.

Der wichtigste Arbeitszweig der GGE sind die Tagungen, Seminare und Kongresse, die in einer großen Anzahl angeboten werden. Darin werden unterschieden:

- Einführungsseminare
- Vertiefungsseminare
- Tagungen zum Gemeindeaufbau
- Regionaltreffen und Kongresse

Zu den engagierten Mitarbeitern in den vergangenen Jahren gehörten u.a. P. Gleiss, Heinz Flade, Udo Aschoff, Friedrich Aschoff, Jochen König, Rolf Gürich, Christoph von Abendroth, Reinhard Steffen, Immanuel Malich und Lorenz Reithmeier.

Bekannte Referenten auf den Kongressen der GGE waren Colin Urquhart (1985 und 1986), Kim Kollins (1986) und John Wimber (1987 und 1988). Die beiden letzten Kongresse mit John Wimber und Team in der Frankfurter Kongreßhalle sorgten für eine große Breitenwirkung. Eine enge Zusammenarbeit besteht mit der AGGA, deren Vorstandsmitglied W. Kopfermann bis zu seinem Kirchenaustritt war. Der Gemeinde-Kongreß in Nürnberg 1991 mit C.P. Wagner wird gemeinsam von der GGE und AGGA durchgeführt.

„Power evangelism“ – eine biblische Beurteilung

Bevor ich versuche, eine biblische Antwort zu geben, fasse ich kurz zusammen, was C. Peter Wagner und John Wimber – die bekanntesten Prediger der „Dritten Welle des Heiligen Geistes“ – über „Zeichen und Wunder“ gelehrt haben:

- Zeichen und Wunder sind die „Visitenkarte“ des Reiches Gottes, sie sind nicht an die Zeit Jesu und der Apostel gebunden.(1)
- Nur in seltenen Fällen wird Gemeindewachstum durch die Verkündigung allein bewirkt.(2)
- „Power evangelism“ macht die Größe Gottes erfahrbar, überwindet Vorurteile und Widerstände der Ungläubigen, sodaß viele zum Glauben kommen.(3)

Was lehrt nun die Bibel?

1. Sind Zeichen und Wunder die „Visitenkarte“ des Reiches Gottes?

Zunächst einmal möchte ich versuchen deutlich zu machen, daß die Begriffe „Zeichen“ und „Wunder“ nicht identisch sind. Wunder sind nicht in jedem Fall auch Zeichen, während Zeichen gleichzeitig auch Wunder sind, allerdings mit einer besonderen Absicht: Sie zeigen auf eine Person, sie sind Zeichen einer göttlichen Legitimation. Wunder Gottes hat es zu allen Zeiten gegeben. Zeichen und zeichenhafte Gaben hingegen standen immer in Verbindung mit dem Beginn einer neuen Heilszeit.

Zeichen und Wunder im AT

Als Gott das Volk Israel aus Ägypten herausführen wollte und damit ein neuer Heilsabschnitt für dieses Volk begann, gab Gott Wunder und Zeichen, um die Autorität des von Gott berufenen Führers Mose zu unterstreichen, „auf daß sie glauben, daß der Herr dir erschienen ist, der Gott ihrer Väter..." (2. Mose 4,5).

Rückblickend sagte Mose kurz vor seinem Tod: „Und der Herr führte uns aus Ägypten heraus mit starker Hand...und mit Zeichen und mit Wundern"(5. Mose 26,8). Diese Zeichen sollten auch dem Pharao und seinem Volk die Größe und Macht Gottes zeigen (Nehem. 9,10; Ps. 135,9).

Diese Zeichen waren also:

- Ein Gericht über die Ägypter,
- eine göttliche Bestätigung des von Gott gewählten Führers und Propheten Mose, dessen Worten das Volk Israel Glauben schenken sollte.

Danach finden wir nur noch vereinzelt zeichenhafte Wunder bei Josua (Jos. 10,12–14), bei dem Mann Gottes in 1. Kö. 13, bei den Propheten Elia und Elisa und im Buch Daniel.

Zeichen und Wunder im NT

Im Neuen Testament finden wir wieder Zeichen und Wunder in Verbindung mit der Geburt Jesu und dann vor allem im Dienst unseres Herrn. Im Johannesevangelium werden die Wunder Jesu, die Beweise Seiner göttlichen Sendung waren, vielfach „Zeichen" genannt. Auch der Dienst der zwölf Apostel und der siebzig Jünger in Luk. 10

war von zeichenhaften Wundern begleitet. Ihr Dienst war ausschließlich auf Israel begrenzt und mit der Botschaft vom „Reich Gottes“ verbunden, welche eine neue Heilszeit für Israel verkündete.

Als Israel das Zeugnis Jesu und Seiner Jünger verwarf und schließlich den Sohn Gottes kreuzigte, wurden die Apostel mit einem neuen Auftrag ausgesandt, das Evangelium nicht mehr nur den Juden, sondern auch allen Nationen zu verkündigen. Das Zeitalter der Gnade, der Gemeinde, begann. Auch diese neue Botschaft wurde anfangs durch Zeichen und Wunder bestätigt.

Wir sehen also, daß – mit einzelnen Ausnahmen – vermehrte und auffällige Zeichen und Wunder verbunden waren mit der Verkündigung einer neuen Botschaft und einer neuen Heilszeit.

Im Verlauf der Apostelgeschichte sehen wir, daß die Häufigkeit der Zeichen und Wunder abnimmt und in den Briefen mit Ausnahme des 1. Korintherbriefes nur noch in der Vergangenheitsform (Römer 15,19; 2. Kor. 12,12; Hebr. 2,4) erwähnt, oder aber als Zeichen und Wunder des kommenden Antichristen (2. Thess. 2,9; Offbg. 13,13–14) genannt werden. Auch in Matth. 24,24 warnt der Herr vor den falschen Propheten, „die große Zeichen und Wunder tun“, als satanische Bestätigung ihrer antichristlichen Botschaft.

Zeichen und Wunder sind nun tatsächlich in einer Hinsicht die „Visitenkarte“ des Reiches Gottes, mit der die neue Botschaft vorgestellt wurde. Zwar hat Johannes der Täufer, der Prediger oder Ankündiger des Reiches Gottes, selbst keine Zeichen und Wunder getan (Joh. 10,41), aber mit dem öffentlichen Dienst Jesu und Seiner Apostel begann das Reich Gottes und bei diesem neuen Anbruch finden wir – wie eine Visitenkarte – Zeichen und Wunder, ein für die Juden sichtbarer Beweis der göttlichen Bestätigung der Person und Verkündigung des Herrn und Seiner Apostel.

Es ist aber nicht zu übersehen, daß die Zeichen und Wunder nach dem Anbruch des Reiches Gottes an Häufigkeit abnahmen. Nachdem die Apostel ihre Briefe geschrieben hatten und das Neue Testament vorhanden war, gehören zeichenhafte Wunder nicht mehr zum Normalfall.

In Hebr. 2, 3–4 lesen wir, daß die Verkündigung des Herrn von den Aposteln, die das Evangelium von Ihm gehört hatten, bestätigt wurde und das Gott außerdem „mitzeugte" (man beachte die Zeitform!) „sowohl durch Zeichen als durch Wunder und mancherlei Wunderwerke und Austeilungen des Heiligen Geistes nach seinem Willen".

In 2. Kor. 12,12 werden „Zeichen und Wunder" als „Zeichen der Apostel" erklärt, die also an die Apostel und ihre Zeit gebunden waren und ihre göttliche Legitimation („Visitenkarte") waren.

Allerdings zeigt der Apostel Paulus den Korinthern, die offensichtlich von einigen „Superaposteln" begeistert waren, auch eine andere „Visitenkarte". Im Unterschied zu diesen falschen Aposteln, die damals schon eine Art „power evangelism" verkündigten, zumindest aber durch ein herrschsüchtiges, selbstbewußtes Auftreten die Gläubigen beeindruckten, zählt Paulus einige Kennzeichen seines Dienstes auf, die weder etwas mit „power evangelism" noch mit einem „Erfolgsevangelium" zu tun haben: Schläge, Gefangenschaft, Steinigung, Schiffbruch, Hunger, Durst, Kälte, Blöße usw. (2. Kor. 11, 23–33).

Folgende Stellen beweisen außerdem, daß selbst in der Apostelgeschichte die Verkündigung des Evangeliums nicht immer mit Zeichen und Wundern verbunden war:

Ap. 8, 26–40	Die Bekehrung des Kämmerers aus Äthiopien
Ap. 9, 22–30	Die ersten Predigten des Paulus
Ap. 11, 19–21	Die Predigten der zerstreuten Jünger in Phönizien, Cypern und Antiochien, „eine große Zahl glaubte und bekehrte sich zum Herrn".
Ap. 13, 13–52	Paulus und Barnabas in Antiochien (Pisidien)
Ap. 17, 1–9	Paulus und Silas in Thessalonich
Ap. 17, 10–15	Paulus und Silas in Beröa, „viele von ihnen glaubten".
Ap. 17, 16–34	Paulus in Athen
Ap. 18, 1–17	Paulus in Korinth
Ap. 18, 24–28	Apollos in Ephesus
Ap. 22, 1–30	Paulus in Jerusalem
Ap. 24, 1–27	Paulus vor Felix
Ap. 26, 1–29	Paulus vor Agrippa und Festus
Ap. 28, 16–31	Paulus in Rom

Wenn man die Berichte vergleicht, wird deutlich, daß durch die Predigten, die von Zeichen und Wundern begleitet waren, keinesfalls mehr Menschen zum lebendigen Glauben gekommen sind als durch die Predigten, wo Zeichen und Wunder nicht erwähnt werden.

2. Wird Gemeindewachstum nur in seltenen Fällen ohne Zeichen und Wunder bewirkt?

Wie wir soeben festgestellt haben, finden wir in der Apostelgeschichte viele Predigten, die zur Bildung von großen

Gemeinden führten, aber nicht von Zeichen und Wundern begleitet waren. Auch ein „Gang“ durch die Kirchengeschichte würde beweisen, daß diese Behauptung nicht der Wirklichkeit entspricht.

Die Predigten bekannter Erweckungsprediger wie A.H. Francke, N.L. von Zinzendorf, John Wesley, George Whitefield, C.H. Spurgeon, D.L. Moody usw., die zu einem außergewöhnlichen Gemeindewachstum geführt haben, waren nicht mit aufsehenerregenden Wundern verbunden. Auch bei den Reformatoren finden wir sie nicht. Wenn etwas zeichenhaft mit der Verkündigung verbunden war, dann waren es die Widerstände von seiten der Zuhörer. Die Evangelisationen von Whitefield und Wesley z.B. wurden anfangs „begleitet“ von faulen Eiern, toten Katzen und Ratten, die als Wurfgeschosse verwendet wurden, um die vollmächtigen Prediger zu stören.

Auch ein Gang durch die heutige Situation unter den Christen würde die These Wimbers und Wagners nicht stützen. In der UDSSR z.B. gibt es eine Menge großer, ständig wachsender Gemeinden, die jede Art von „power evangelism“ ablehnen würden.

Ebensowenig würde eine Analyse der Situation in Deutschland diese Behauptung stützen, auch wenn es hier einzelne Gemeinden gibt, die durch „power evangelism“ gewachsen sind.

3. Überwindet „power evangelism“ Vorurteile der Ungläubigen?

Diese These entbehrt jeder biblischen und kirchengeschichtlichen Grundlage. Die Wunderwerke des Herrn Jesus in Chorazin, Bethsaida und Kapernaum haben eben nicht zur Buße geführt. Das war der Grund dafür, daß diese Städte verflucht wurden (Matth. 11, 20–24). In Johannes 12,37 lesen wir: „Obwohl er aber so viele Zeichen vor ihnen getan hatte, glaubten sie nicht an ihn." Die Speisung der 5000 zeigt ebenfalls deutlich, daß dieses wunderbare Zeichen nicht die Gewissen der Menschen erreicht hatte. Der Herr sagte der Ihm folgenden Volksmenge: „Ihr suchet mich, nicht weil ihr Zeichen gesehen, sondern von den Broten gegessen habt und gesättigt worden seid" (Joh. 6,26).

Die Menschenmengen in Lystra, welche die Heilung des Lahmen erlebt hatten und von Paulus und Barnabas so begeistert waren, daß sie ihnen opfern wollten, hoben wenige Tage später Steine auf, um diese beiden Männer zu töten (Ap. 14, 8–19). Weder die Zeichen und Wunder anläßlich des Auszugs aus Ägypten und während der Wüstenreise haben die Herzen der Israeliten verändert, noch die Wunder, die von Elia und Elisa gewirkt wurden.

Das Neue Testament macht besonders durch die Geschichte des reichen Mannes im Hades deutlich, daß selbst eine Totenauferweckung nicht die Vorurteile und Verhärtung der Menschen überwindet: „Wenn sie Moses und die Propheten nicht hören, so werden sie auch nicht überzeugt werden, wenn jemand aus den Toten aufersteht" (Luk. 16,31). Sind durch die Auferweckung Lazarus und durch die Auferstehung des Herrn Jesus die Vorurteile der Schriftgelehrten und Pharisäer überwunden worden?

Wirkliche und bleibende Erweckung geht einzig und allein davon aus, daß das Wort Gottes von gottesfürchtigen Menschen ausgelebt und in aller Deutlichkeit und ohne Abstriche verkündigt wird. Die Erweckungen im Alten Testament unter Josaphat, Hiskia, Josia, Esra und Nehemia z.B. sind ein überzeugender Beweis dafür.

Ebenso sind die Erweckungen in den vergangenen 500 Jahren ein deutliches Zeugnis dafür, daß durch ein unverkürzt verkündigtes Evangelium die Herzen verändert werden. Nach wie vor gilt der Grundsatz Gottes: „Also ist der Glaube aus der Verkündigung, die Verkündigung aber durch Gottes Wort“ (Rö. 10,17).

Natürlich ist es in der Missionsgeschichte hier und da geschehen, daß der Bann eines Götzen durch ein offensichtliches Wunder vernichtet und dem Evangelium dadurch die Bahn gebrochen wurde. Das geschieht auch heute in besonderen Missions-Situationen. Tatsache ist aber ebenso, daß der gesegnete Dienst der meisten Pioniermissionare wie H. Taylor, C.T. Studd, A. Judson und J. Paton eben nicht mit zeichenhaften Wundern für die Ungläubigen verbunden war. Paulus macht in 1. Kor. 1,21–23 deutlich, daß es Gott gefallen hat, die Menschen weder durch die Sinne beeindruckende Zeichen und Wunder noch durch besonders philosophische, hochgeistige Gedankengänge von ihrer Sünde zu überführen:

> „...so gefiel es Gott wohl, durch die Torheit der Predigt die Glaubenden zu erretten; da sowohl Juden Zeichen fordern, als auch Griechen Weisheit suchen; wir aber predigen Christus als gekreuzigt, den Juden ein Ärgernis, und den Nationen eine Torheit; den Berufenen selbst aber, sowohl Juden als Griechen, Christus, Gottes Kraft und Gottes Weisheit“ (1. Kor. 1, 21–24).

Zeichen und Wunder nehmen keine Vorurteile weg.

> „Obwohl er aber so viele Zeichen vor ihnen getan hatte, glaubten sie nicht an ihn (Joh. 12,37).“

Der Herr nennt die „glückselig, die nicht gesehen und geglaubt haben“ (Joh. 20,29) und spricht ein vernichtendes Urteil über die Philosophie, die hinter „power evangelism“ steckt:

„Ein böses und ehebrecherisches Geschlecht begehrt ein Zeichen, und kein Zeichen wird ihnen gegeben werden, als nur das Zeichen Jonas, des Propheten (Matth. 12,39)."

Die Berichte der Bibel zeigen deutlich, daß Zeichen und Wunder die Menschen eine kurze Zeit lang oberflächlich begeistern können, daß diese Begeisterung aber in Haß umschlägt, wenn die Wundersucht der Menschen nicht mehr gestillt wird, oder die Menschen Worte hören, die ihren Egoismus und ihr böses Herz aufdecken.

Leider wird in den oft großartigen Berichten der heutigen „Power-Evangelisten" nichts von der Enttäuschung und Verhärtung derer erzählt, die als Kranke mit großen Erwartungen zu den Heilungs-Veranstaltungen kommen und trotz aller „Weissagungen" und Handauflegungen genauso krank und zudem noch verbittert diese Versammlungen verlassen. Wie oft wurde in der Vergangenheit der Zynismus und die Vorurteile von Ungläubigen durch diese Art „power evangelism" genährt.

Menschen, die ihre Sinne durch Zeichen und Wunder beeindrucken lassen, stehen außerdem in großer Gefahr, der Faszination zu erliegen, welche von den Zeichen und Wundern der für die Endzeit angekündigten falschen Propheten und des Antichristen ausgehen wird.

Die folgenden drei Bibelstellen über Zeichen und Wunder sollten uns äußerst vorsichtig und kritisch aller Art von Veranstaltungen gegenüber werden lassen, die mit Zeichen und Wundern Reklame machen:

„Denn es werden falsche Christi und falsche Propheten aufstehen und werden große Zeichen und Wunder tun, um so, wenn möglich, auch die Auserwählten zu verführen (Matth. 24,24)."

„...ihn (der Gesetzlose), dessen Ankunft nach der Wirksamkeit des Satans ist, in aller Macht und allen Zeichen und Wundern der Lüge..." (2. Thess. 2,9)

„...und es (das Tier = der falsche Prophet) tut große Zeichen, daß es selbst Feuer vom Himmel auf die Erde herabkommen läßt vor den Menschen; und es verführt, die auf der Erde wohnen wegen der Zeichen, welche vor dem Tier zu tun ihm geboten wurde." (Offbg. 13, 13–14)

Zusammenfassung

1. Gott kann heute wie in allen vergangenen Zeiten Wunder tun, die Seinem souveränen Willen entsprechen und in den meisten Fällen die Antwort Gottes auf anhaltendes, vertrauendes Gebet der Gläubigen sind.
2. Gottes übernatürliches Eingreifen wie z.B. Krankenheilung, materielle Versorgung usw., kann aber nicht als Zeichen im Sinn von Mark. 16, 17 +20 und 2. Kor. 12,12 (Zeichen der Apostel) bezeichnet werden.
3. Wir können Gottes Wunder nicht herausfordern, wie es z.B. bei vielen Totenauferweckungsversuchen vergeblich versucht wurde, sondern nur demütig darum bitten, wenn diese Bitte dem Willen Gottes entspricht.
4. Der Zusammenhang der Bibel und das Studium der Kirchengeschichte zeigen deutlich, daß zeichenhafte Wunder nicht zu allen Zeiten, sondern in besonderen Umständen und zu Beginn neuer Heilszeiten geschahen. Daher ist die Behauptung, daß auch heute unsere Evangelisationen von Zeichen und Wundern begleitet werden sollten, als unbiblisch abzulehnen.

5. Zeichen und Wunder sind nicht die von Gott geplanten Mittel, um Menschen zum lebendigen Glauben zu bringen, sondern die Verkündigung Seines Wortes – für uns gilt nach wie vor Rö. 10, 17.

Schlußfolgerungen

Die „Dritte Welle“ ist mit der Absicht unterwegs, die „nichtcharismatischen“ Evangelikalen mit dem „Wirken des Heiligen Geistes in diesem Jahrhundert“ vertraut zu machen. Der Experte David B. Barrett schätzt die Zahl derer, die sich zur „Dritten Welle“ zählen, weltweit auf ca. 33 Millionen (Stand 1990). Man hat es weitgehend verstanden, „Uneinheit schaffende Elemente“ aus dieser Bewegung fernzuhalten, um auf diese Weise Vorurteile abzubauen. Dadurch ist eine „Sowohl-als-auch-Mentalität“ bei vielen Führern dieser Bewegung entstanden, die es möglich macht – wie z. B. J. Wimber – sich als „Dispensationalist“ zu bezeichnen, obwohl man die typischen Lehren der Dispensationalisten für falsch hält. Reizworte und extreme Lehren werden – zumindest von Vertretern der Gemeindewachstumsbewegung – vermieden oder relativiert. Andererseits werden allerdings äußerst bedenkliche Lehren und Praktiken (Visualisierung, Positives Denken usw.) von extremen Charismatikern übernommen oder zumindest toleriert, bei denen in manchen Fällen sogar ein okkulter Hintergrund nicht ausgeschlossen ist.

„Die Propheten kommen“

In jüngster Zeit wird innerhalb der „Dritten Welle“ die Aufmerksamkeit auf „Prophetie“ gelenkt und es scheint, als würden die vorigen Wellen wie „Ruhen im Geist“, „Geistliche Kampfführung“ usw. so langsam im Sande verlaufen.
In Verbindung mit „Prophetie“ werden auffallend oft Begriffe wie „Hingabe“, „Zerbruch“, „Heiligung“ usw. gebraucht, die konservativen Evangelikalen sehr bedeutsam

und wichtig sind. Da sich in der Vergangenheit in der Leiterschaft der Charismatischen Bewegung und „Dritten Welle“ allerhand unheilige Dinge abgespielt haben (darin unterscheiden sie sich leider nicht von den „Nichtcharismatikern“), kann man zunächst nur von Herzen dankbar sein, daß Themen wie „Heiligung“ einen neuen und hohen Stellenwert bekommen.

Die positiv gemeinte Feststellung C. P. Wagners: „Für viele charismatische Lutheraner, Presbyterianer, Episkopale und Katholiken besteht wenig Zusammenhang zwischen christlicher Heiligung und Tabus im Hinblick auf alkoholische Getränke, Rauchen, Tanzen und ähnliches“(1) müßte daher von der neuen „Prophetenbewegung“ abgelehnt werden.

Es wird gelehrt, daß Gott in dieser Endzeit wieder Apostel und Propheten einsetzen wird, um die Gemeinde zu reinigen und zu heiligen. Inzwischen sind „Propheten“ wie Rick Joyner, Mike Bikle und vor allem Paul Caine bekannt geworden.

Paul Caine suchte Dez. 1988 John Wimber auf, um ihm „ein Wort des Herrn“ weiterzusagen. Dieses Wort führte – so wird berichtet – zu einer „inneren Reinigung und geistlichen Zuspitzung“(2) von John Wimber und den Vineyard-Gemeinden.

Eine weitere Folge davon war, daß Paul Caine durch Wimber eine Plattform für seinen Dienst bekam und sich dadurch eine „Prophetie“ erfüllte, die Caine vor Jahren bekommen hatte. Damals habe Gott ihn beiseite genommen, „bis eine neue Art von Männern Gottes auftreten werde“(3).

Gemeinsam mit John Wimber tritt nun Paul Cain auf vielen Konferenzen in Nordamerika und Europa auf, „um die

Treuen im Lande zu ermutigen, neue Weinschläuche für die bevorstehende Erweckung bereitzustellen und zu bilden"[4].

Wie eine „Prophetie" aussehen kann, zeigt folgender Auszug aus einem „prophetischen Wort" von Rick Joyner:

> „Reißt die Mauern und Barrieren nieder, die uns voneinander und von Gott trennen!
> Unsere Beziehung zu Jesus muß inniger werden und dadurch auch die Beziehungen unter uns. Geistlicher Stolz und die Verherrlichung von Menschen, bestimmte Lehren und Werke der Spaltung werden von Gott unnachgiebig bestraft werden und bald nur noch als „fremdes Feuer" erachtet werden. Wer weiterhin an diesen Dingen teilhat, wird mit einem gewaltigen Donnerschlag aus seinem Dienst hinweggefegt werden, daß der ganze Leib Christi von einer reinen und heiligen Gottesfurcht ergriffen wird…
>
> Eine mächtige Offenbarung des wahren Glaubens steht uns bevor… Manche werden gerufen werden, sogar in Gebiete zu gehen, die zu betreten sich sogar Engel fürchten… In diesen Tagen werden viele tagtäglich mit Zeichen und Wundern leben. Es wird für sie so „normal" werden, wie das Manna für das Volk Israel in der Wüste.
>
> Der Herr wird noch nie dagewesene Wundertaten, die sogar die biblischen Wunder bei weitem überragen werden, für sein Volk vollbringen…
>
> Wer alles hingibt und leer wird, wer seinen persönlichen Ehrgeiz aufgibt und bereit ist, sein Ansehen zu verlieren, wer Ablehnung und Unverständnis geduldig trägt, der wird bald mit der Botschaft des Königs die Welt aus den Angeln heben."[5]

Viele Pietisten werden auf eine „Prophetie“ dieser Art positiv reagieren, weil hier Inhalte der „power evangelism“ in einer Form angeboten werden, die auf den ersten Blick sehr demütig, geistlich und wie auf Pietisten zugeschnitten zu sein scheint.

Die große Gefahr liegt auch hier in der Vermischung von sehr richtigen und wichtigen Aussagen mit unbiblischen und falschen. Natürlich hat Rick Joyner recht, wenn er sagt, daß unsere Beziehung zu Jesus inniger und hingegebener werden muß.

Auch John Wimbers Ausführungen über eine „intime“ Beziehung zu Jesus, die nötig sei, um vor der Macht Satans geschützt zu sein, hören sich zunächst beeindruckend und richtig an – und ohne jeden Zweifel ist eine persönliche, innige Beziehung zu dem Herrn Jesus Christus entscheidend wichtig – aber Wimbers Weg zu dieser Beziehung sollte hellhörig machen.

Er behauptet, daß nicht einmal die Bibel uns da bewahren kann, denn Satan könne unser Verständnis von der Schrift verdrehen. Er löst den vertrauten Umgang mit Jesus von der Bibel! Wenn er auch die Wichtigkeit einer persönlichen Beziehung zu Jesus betont, so lehrt er in diesem Zusammenhang doch, daß diese Beziehung mittels des Heiligen Geistes außerhalb der Bibel entsteht:

Nach Wimber ist der vertraute Umgang mit Jesus nicht etwas, das Gott in uns bewirkt, wenn wir uns zu Christus wenden und es ist nicht etwas, das lediglich dadurch zu erlangen ist, daß man eine Beziehung zu Jesus durch die Blätter der Schrift hat. Vielmehr sei es eine Beziehung, die uns vermittelt würde durch das Hören auf frische, neue Offenbarungen von Gott. Er lehrt, wir müssten um eine Zuteilung von Leidenschaft für Jesus beten und wir müssten lernen, seine Stimme zu aller Zeit zu hören.

Aber sie werden zu falschen Propheten wenn sie behaupten:

– Eine innige Beziehung zu Jesus entstehe unabhängig vom Wort Gottes durch „neue Offenbarungen“ und Eingebungen des Heiligen Geistes. Mit dieser Lehre wird die Verschiebung vom Jesus der Geschichte und des Kreuzes zum Jesus der Intuition vollzogen und wir werden hinausgeworfen auf das Meer unseres Innenlebens.

  Das ist keine Übertreibung, denn obwohl John Wimber und sein Team die Bibel lesen, so sind doch ihre inneren Erfahrungen entscheidend dafür, wie sie die Bibel verstehen – unter Ausschluß des Verstandes.

  Damit ist der Weg offen, Gott in unserem eigenen Bild wieder zu gestalten, weil die innere Stimme in uns erschreckend fehlbar ist. Selbst Jack Deere – ein enger Mitarbeiter Wimbers – betont, daß die Möglichkeit sehr groß ist, daß die „innere Stimme“ von Satan, von anderen oder aus unseren eigenen Gedanken kommen kann.

– Gott wird durch uns Wundertaten vollbringen, „welche die Wunder der Bibel bei weitem überragen werden“;
– „geistlicher Stolz und die Verherrlichung von Menschen, bestimmte Lehren und Werke der Spaltung“ werden von Gott jetzt schon unnachgiebig bestraft werden;
– eine „mächtige Offenbarung des wahren Glaubens“ steht uns bevor.

Das NT dagegen lehrt:

– Der große Verführer der Endzeit (Antichrist) wird mit „jeder Macht und mit Zeichen und Wundern der Lüge“ (2. Thess. 2,9) auftreten und die Menschen mit der Kraft Satans betrügen.

- In der Endzeit wird man die „gesunde Lehre nicht ertragen“ (2. Tim. 4,3)
- „Böse Menschen und Gaukler werden im Bösen fortschreiten, indem sie verführen und verführt werden“ (2. Tim. 4,13)
- „Viele falsche Propheten werden aufstehen und werden viele verführen; und wegen des Überhandnehmens der Gesetzlosigkeit wird die Liebe der Vielen erkalten.“ (Matth. 24,12)

Die Gefahr ist groß, daß „Prophezeiungen“ dieser Art dazu führen, daß die Worte der Bibel in ihrer Autorität und Aktualität nicht mehr ernst genommen werden, sodaß eintreten wird, was Jeremia prophezeite:

> „Ich habe gehört, was die Propheten sagen, die in meinem Namen Lüge weissagen und sprechen: Einen Traum, einen Traum habe ich gehabt! Wie lange sollen das im Sinne haben die Propheten, welche Lüge weissagen, und die Propheten, welche gedenken, meinen Namen bei meinem Volk in Vergessenheit zu bringen durch ihre Träume, die sie einer dem anderen erzählen, so wie ihre Väter meines Namens vergaßen über dem Baal? Der Prophet, der einen Traum hat, erzähle den Traum; und wer mein Wort hat, rede mein Wort in Wahrheit. Was hat das Stroh mit dem Weizen gemein? spricht der Herr.“ (Jer. 23, 26-28)

Nachdem ich die Bücher von Autoren der „Dritten Welle“ gelesen, teilweise an Konferenzen teilgenommen und manche Gespräche mit verantwortlichen Männern dieser Bewegung im deutschsprachigen Raum geführt habe, bin ich zu folgenden Überzeugungen gekommen:

1. Die Thesen von C.P. Wagner und J. Wimber über „Zeichen und Wunder“ und „power evangelism“ halten einer biblischen Prüfung nicht stand.

Zeichen und Wunder sind nicht automatisch und in jedem Fall untrügliche Kennzeichen göttlicher Legitimation. Das NT lehrt deutlich, daß in der letzten Zeit falsche Apostel und der falsche Prophet (Antichrist) mit Zeichen und Wundern dafür sorgen werden, daß viele Menschen verführt werden. Diese sichtbaren Zeichen und Wunder werden die „Theologie“ der Menschen verändern, sodaß sie nicht mehr dem Wort Gottes, sondern der Lüge glauben (vgl. Matth. 24,24; 2. Thess. 2,9; Offb. 13,13-14).

Neuerdings hat sich John Wimber in privaten Gesprächen von seinen wichtigsten Thesen über „power evangelism“ distanziert, die bisher in allen seinen Büchern und auf Konferenzen verbreitet wurden. Allerdings hat er sich bisher geweigert, diese Meinungsänderung auch öffentlich bekanntzugeben, so daß seine inzwischen widerrufenen oder relativierten Thesen weiterhin Kreise ziehen.

2. Die Alltagswirklichkeit widerlegt die Theorien von „power evangelism“.

John Wimber, der in seinen Büchern berichtet, daß Gott ihn beauftragt und bevollmächtigt hat zu heilen, hat inzwischen zugegeben, daß durch seinen Heilungsdienst nur sehr wenige nachprüfbar geheilt werden. So liegt z.B. die Heilungsquote bei einer Krankheit, bei der eine Heilung durch den Placebo-Effekt ausgeschlossen ist, bei 0,5 %[(6)]. Das bedeutet, daß diese Krankheit bei einer üblichen medikamentösen Behandlung mehr Chancen hat geheilt zu werden, als bei einem Heilungsdienst der „Dritten Welle“.

Die Zeichen und Wunder, die angeblich quantitativ und qualitativ die Wunder der Apostelgeschichte übertreffen, stehen in der „power evangelism“ bisher nur auf dem Papier.
Es wäre besser, wir würden ehrlich und demütig anerkennen, daß wir heute nicht die Autorität der Apostel und erst recht nicht die des Herrn haben. Wir richten nur großen Schaden an, wenn wir uns diese Autorität anmaßen oder einreden.

3. Eine Bewegung, die neben der Bibel die Erfahrung zur Offenbarungsquelle macht, öffnet dämonischen Lehren und Praktiken die Tür.

Jede vom Heiligen Geist bewirkte Erweckung in der Geschichte des Volkes Gottes führte die Gläubigen zur alleinigen Autorität der Bibel und zum Glaubensgehorsam zurück. Fast jede Irrlehre und jeder Irrweg begann damit, daß man außerbiblischen Offenbarungsquellen gefolgt ist. Die Geschichte der röm. kath. Kirche und die Geschichte fast aller Sekten zeigt, welch katastrophale Folgen daraus resultieren, wenn man neben der Bibel entweder die Tradition oder die Erfahrung zu einer gleichwertigen Offenbarungsquelle macht. Auch die Geschichte der Charismatischen Bewegung liefert eine Menge Beweise dafür, welche Irrtümer entstehen, wenn man sich von Visionen, anstatt allein von Gottes Wort leiten läßt. Die Irrlehren von Yonggi Cho und Kenneth Hagin, die teilweise auch in diesem Buch behandelt wurden, sind dafür ein eindrückliches Beispiel.

Auch wenn wir mit der Brille der Erfahrung unsere Bibel lesen, stehen wir in großer Gefahr, auf Abwege zu geraten. Für die Endzeit sind die Worte des Paulus an Timotheus besonders wichtig:

„Predige das Wort, halte darauf in gelegener und ungelegener Zeit; überführe, strafe, ermahne mit aller Langmut und Lehre. Denn es wird eine Zeit sein, da sie die gesunde Lehre nicht ertragen, sondern nach ihren eigenen Lüsten sich selbst Lehrer aufhäufen werden, indem es ihnen in den Ohren kitzelt; und sie werden die Ohren von der Wahrheit abwenden und sich zu den Fabeln hinwenden." (2. Tim. 4,2-4)

William Hake hat – sicher in Anlehnung an das Wort Jesu: „Glückselig sind, die nicht gesehen und geglaubt haben" (Joh. 20,29) – den Satz geprägt: „Wenn Gott spricht, dann traue deinen Augen nicht, wenn sie den Ohren widersprechen."[(7)]

Genau dazu ist man in der „power evangelism" weithin nicht bereit. C.P. Wagner scheut sich nicht zu sagen: „Glauben heißt sehen."[(8)] Wenn Beine verlängert werden, wozu C.P. Wagner eine spezielle Gabe zu haben glaubt, oder 5 Backenzähne nur auf Gebet hin plötzlich neu plombiert werden mit einer Substanz, die „so hart wie ein Diamant ist"[(9)], wie Omar Cabrera und ähnlich auch Francis MacNutt berichten, dann sieht man darin die „Visitenkarte" des Reiches Gottes und schluckt dann auch bereitwillig die Lehre von Cabrera, daß Krankheiten, ebenso wie Menschen und Blumen, Ohren haben und unseren Befehlen gehorchen müssen.

4. Die „Dritte Welle" – im Gleichschritt mit „Evangelisation 2000" – unterstützt unbiblische Einheitsbestrebungen.

Die von dem Redemptoristenpater Tom Forrest (Rom) initiierte und von Papst Johannes Paul II. ausdrücklich unterstützte Aktion „Evangelisation 2000“ hat folgendes Ziel: „Jesus Christus soll an seinem 2000. Geburtstag eine mehrheitlich evangelisierte Welt vorfinden.“[(10)]

Ein weiteres Ziel und Geschenk soll eine geeinte Christenheit sein. Inzwischen läuft ein weltweites Trainingsprogramm, um diese Ziele zu erreichen. Junge katholische Christen werden von „Jugend-mit-einer-Mission“ Mitarbeitern für die Evangelisation geschult, Vorbereitungskonferenzen werden weltweit abgehalten und das Magazin „Evangelisation 2000“ wird in vielen Sprachen herausgegeben und verbreitet.

Inzwischen arbeiten auch viele bekannte Evangelikale unter der Führung des ehemaligen Leiters der Lausanner Bewegung, Thomas Wang, mit aller Kraft an der Verwirklichung dieses Projektes mit.

Aus diesem Grund liest man auch in evangelikalen Blättern immer mehr vom „Jahrzehnt der Evangelisation“. So erschien z. B. in der Zeitschrift „Gemeinde-Erneuerung“ Januar 1991 ein Artikel von dem Anglikaner Michael Harper, in dem er schreibt:

> „Während wir uns dem Jahrzehnt der Evangelisation nähern, hören wir von allen Enden die Botschaft: ‚Fördert die christliche Einheit‘. Um der Welt willen müssen wir die Kämpfe zwischen Geschwistern beenden und uns gemeinsam auf den geistlichen Kampf besinnen. Christliche Einheit ist notwendiger Bestandteil erfolgreicher Evangelisation.“[(11)]

Der bekannte Pfingstprediger David du Plessis hatte bereits in der Vergangenheit des öfteren die Charismatische Bewegung gewarnt:

> „Nur wenn die Charismatische Bewegung ökumenisch ist, wird sie charismatisch bleiben. Sobald sie ihren

ökumenischen Charakter verliert, wird sie auch ihre charismatische Kraft verlieren."[12]

John Wimber – und mit ihm die „Dritte Welle" – unterstützen „Evangelisation 2000" und er bezeichnet das vom Papst ausgerufene „Jahrzehnt der Evangelisation" als „eins der größten Dinge, die je in der Kirchengeschichte passiert sind. Ich bin begeistert von dem Papst, daß er die Kirche zu diesem Ziel ruft".[13]

Die endzeitliche Christenheit scheint immer mehr ein ökumenisch-charismatisch-katholisches Gesicht zu zeigen. Der gemeinsame Nenner ist nicht mehr der reformatorische und biblische Grundsatz „sola scriptura, sola fide, sola gratia", sondern die gemeinsame Erfahrung. Das bekannte Motto der Charismatischen Bewegung „Dogmen trennen – Liebe eint" scheint immer mehr zum Bekenntnis vieler Evangelikaler zu werden.

5. Viele Praktiken und Manifestationen in der „Dritten Welle" stehen in gefährlicher Nähe zu okkulten Praktiken

Führende Männer dieser Bewegung bekennen freimütig, daß sie Quellen anzapfen, die auch von Schamanen und Vertretern anderer Religionen benutzt werden (vgl. z.B. Yonggi Cho's Lehren über die „vierte Dimension").

Praktiken wie „Ruhen im Geist", „Visualisierung", „Wort der Erkenntnis" usw. erinnern stark an Erfahrungen, die auch von Okkultisten berichtet werden. Auch die Tatsache, daß John Wimber – obwohl er selbst nicht an Heilungen durch Maria glaubt – die Wunder von Lourdes in die Reihe der Zeichen und Wunder des Heiligen Geistes einreiht[14] und ebenso wie C.P. Wagner auf Morton T. Kelsey hinweist, der bekanntlich ein Schüler C.G. Jungs ist und mit seiner verstorbenen Mutter kommuniziert, zeigt deutlich, daß es trotz aller Betonung der Geistesgaben an der Unterscheidung der Geister mangelt.

Wer trotz dieser Fakten die „Dritte Welle“ für die größte Erweckung der Kirchengeschichte hält, und von der „größten und begeisterndsten Seelenernte, welche die Geschichte je gesehen hat“ redet(15), hat weder die Bibel noch die Geschichte der Erweckungsbewegungen aufmerksam studiert.

C.P. Wagner schreibt in seinem Vorwort zu dem neuen Buch von R. Bonnke „Wenn das Feuer fällt“:

> „Inzwischen jedoch wagen nur noch ganz engstirnige Rechthaber, die Pfingstbewegung bzw. Charismatische Bewegung als ein authentisches Werk des Heiligen Geistes, von dem der gesamte Leib Christi viel lernen kann und muß, abzulehnen.“(16)

Nun, jeder, der die Bücher von C.P. Wagner gelesen hat, weiß, daß er recht gerne, großzügig und unbekümmert Pauschalurteile fällt. Dennoch kann es gut möglich sein, daß diejenigen, die nicht bereit sind, mit der „Dritten Welle“ zu schwimmen, eine Minderheit bilden und als „engstirnige Rechthaber“ belächelt werden.

Sicher wird die „Dritte Welle“ mit dieser kurzen Informationsschrift nicht aufzuhalten sein. Die auslaufende Flut dieser Welle wird wahrscheinlich vielen Evangelikalen den biblischen Boden unter den Füßen wegreißen.

Dennoch möchte ich alle arglosen und aufrichtigen Sympathisanten dieser Bewegung dringend und inständig bitten, die Lehren und Praktiken der „Dritten Welle“ unter Gebet anhand der Bibel zu prüfen und sich für ein biblisches Christentum zu entscheiden.

Überall da, wo Christen das ganze Wort Gottes als alleinigen Maßstab und höchste Autorität für ihr Denken und Leben anerkennen und versuchen – Christus völlig ausgeliefert – Seine Verherrlichung, das Wohl des Volkes Gottes und die Rettung Verlorener zu suchen, da wird Gott auch inmitten des allgemeinen Abfalls der Christenheit eine vom Heiligen Geist bewirkte und von den Früchten des Heiligen Geistes gekennzeichnete Erweckung schenken.

Quellenangaben

Einleitung

1. C.P. Wagner: „Der gesunde Aufbruch“, Simson, Lörrach 1989, S. 15
2. Tonbandaufzeichnung einer Botschaft von J. Wimber im Januar 1990, zit. in „Watch“, Christian Research Institute, April-June 1990, S. 4-5
3. C.P. Wagner: „Der gesunde Aufbruch“, a.a.O., S. 24

Die „drei Wellen des Heiligen Geistes“ im Überblick

1. So z.B. C.P. Wagner und John Wimber in J. Wimber/K. Springer: „Die Dritte Welle“, Projektion J, Hochheim 1988, S. 26-30.
2. ebd., S. 29
3. ebd., S. 29

„Power evangelism“ – die „Dritte Welle“

1. J. Wimber/K. Springer: „Vollmächtige Evangelisation“, Projektion J, Hochheim 1986, S. 122–123.
2. J. Wimber/K. Springer: „Die Dritte Welle“, a.a.O., S. 47.
3. ebd., S. 49.
4. ebd., S. 52.
5. ebd., S. 55.
6. ebd., S. 56.
7. ebd., S. 56.
8. ebd., S. 57.
9. „Gemeindewachstum“, a.a.O., 4/88, S. 28.
10. J. Wimber/K. Springer: „Vollmächtige Evangelisation“, a.a.O., S. 8.
11. J. Wimber/K. Springer: „Die Dritte Welle“, a.a.O., S. 34.
12. ebd., S. 40.
13. ebd., S. 40.
14. ebd., S. 42.
15. ebd., S. 43.
16. J. Wimber/K. Springer: „Vollmächtige Evangelisation“, a.a.O., S. 16.
17. J. Wimber/K. Springer: „Die Dritte Welle“, a.a.O., S. 28–29.
18. ebd., S. 29.
19. ebd., S. 234.
20. ebd., S. 233.
21. ebd., S. 29.
22. C.P. Wagner: „Der gesunde Aufbruch“, Simson, Lörrach 1989, S. 24
23. J. Wimber/K. Springer: „Die dritte Welle“, a.a.O., S. 30

24. ebd. S. 93
25. C.P. Wagner: „Der gesunde Aufbruch", a.a.O., S. 22
26. J.I. Packer: „Auf den Spuren des Heiligen Geistes", Brunnen, Basel 1989, S. 228.
27. „Idea", Schweiz, 21/88.
28. J. Wimber/K. Springer: „Vollmächtige Evangelisation", a.a.O., S. 20.
29. J. Wimber/K. Springer: „Heilung in der Kraft des Geistes", Projektion J, Hochheim 1985, S. 26.
30. ebd., S. 34–35.
31. ebd., S. 35.
32. ebd., S. 35.
33. J. Wimber: „Power Healing", Manuskriptdruck, Hochheim 1988, S. 8.
34. J. Wimber/K. Springer: „Vollmächtige Evangelisation", a.a.O., S. 108.
35. ebd., S. 11.
36. ebd., S. 45
37. ebd., S. 116.
38. ebd., S. 32.
39. ebd., S. 21
40. ebd., S. 34.
41. ebd., S. 115–116.
42. ebd., S. 151.
43. J. Wimber/K. Springer: „Heilung in der Kraft des Geistes", a.a.O., S. 58.
44. ebd., S. 53.
45. ebd., S. 14.
46. ebd., S. 62.
47. ebd., S. 235.
48. F. MacNutt: „Beauftragt zu heilen", Styria, Graz/Wien/Köln 1985, S. 12.
49. D. Hunt: „Die Verführung der Christenheit", CLV, Bielefeld 1987, S. 132.
50. ebd., S. 133.
51. J. Wimber/K. Springer: „Heilung in der Kraft des Geistes", a.a.O., S. 48.
52. J. Wimber/K. Springer: „Vollmächtige Evangelisation", a.a.O., S. 100.
53. J. Wimber/K. Springer: „Heilung in der Kraft des Geistes", a.a.O., S. 51.
54. ebd., S. 145.
55. ebd., S. 154.
56. ebd., S. 14.
57. siehe Wimber: „Power Healing", a.a.O., S. 94.
58. J. Wimber/K. Springer: „Heilung in der Kraft des Geistes", a.a.O., S. 142.
59. ebd., S. 45.
60. ebd., S. 180.
61. J. Wimber/K. Springer: „Vollmächtige Evangelisation", a.a.O., S. 43.
62. ebd., S. 69.
63. J. Wimber: „Heilung in der Kraft des Geistes", a.a.O., S. 186
64. J. Wimber/K. Springer: „Heilung in der Kraft des Geistes", a.a.O., S. 207.
65. J. Wimber/K. Springer: „Die Dritte Welle", a.a.O., S. 176.
66. J. Wimber/K. Springer: „Vollmächtige Evangelisation", a.a.O., S. 28.
67. J. Wimber/K. Springer: „Heilung in der Kraft des Geistes", a.a.O., S. 117–118.

68. ebd., S. 124.
69. ebd., S. 176.
70. J. Wimber/K. Springer: „Die Dritte Welle“, a.a.O., S. 41.
71. J. Wimber/K. Springer: „Heilung in der Kraft des Geistes“, a.a.O., S. 188.
72. ebd., S. 183.
73. ebd., S. 184.
74. J. Wimber/K. Springer: „Vollmächtige Evangelisation“, a.a.O., S. 139.
75. S. Großmann in „Die Gemeinde“ 50/87.
76. C.P. Wagner: „Der gesunde Aufbruch“, a.a.O., S. 50
77. Y. Cho: „Erfolgreiche Hauszellgruppen“, Christl. Gemeinde Köln 1987, S. 125.
78. ebd., S. 124.
79. D. Hunt: „Rückkehr zum biblischen Christentum“, CLV, Bielefeld 1988, S. 148–149.
80. D. Hunt: „Die Verführung der Christenheit“, a.a.O., S. 15.
81. ebd., S. 15.
82. Y. Cho: „Erfolgreiche Hauszellarbeit“, a.a.O., S. 147–148.
83. Y. Cho: „Die vierte Dimension“, Bd.1, Christliche Gemeinde Köln 1987, S. 119.
84. Y. Cho: „Nicht nur Zahlen“, Verlag Information und Kommunikation, Bad Homburg 1986, S. 22.
85. ebd., S. 23.
86. Y. Cho: „Die vierte Dimension“, Bd. 2, a.a.O., S. 69.
87. Y. Cho: „Nicht nur Zahlen“, a.a.O., S. 95
88. Y. Cho: „Nicht nur Zahlen“, a.a.O., S. 35.
89. Y. Cho: „Die vierte Dimension“, Bd.2, Christliche Gemeinde Köln 1987, S. 69.
90. Y. Cho: „Glaube in Aktion“, Weg zur Freude, Karlsruhe, S. 10.
91. D. Hunt: „Die Verführung der Christenheit“, a.a.O., S. 147.
92. ebd., S. 139.
93. Y. Cho: „Die vierte Dimension“, Bd.1, a.a.O., S. 31–32.
94. Y. Cho: „Erfolgreiche Hauszellarbeit“, a.a.O., S. 154–155.
95. Y. Cho: „Die vierte Dimension“, Bd. 1, a.a.O., S. 31–32
96. Y. Cho: „Nicht nur Zahlen“, a.a.O., S. 16.
97. Y. Cho: „Die vierte Dimension“, Bd. 1, a.a.O., S. 34.
98. ebd., S. 38–39.
99. Y. Cho: „Die vierte Dimension“, Bd.2, a.a.O., S. 64.
100. Y. Cho: „Nicht nur Zahlen“, a.a.O., S. 100.
101. Y. Cho: „Der Schlüssel zum sieghaften Leben“, Weg zur Freude, Karlsruhe 1981, S. 8–9.
102. ebd., S. 10.
103. Y. Cho: „Die vierte Dimension“, Bd.1, a.a.O., S. 16.
104. ebd., S. 56.
105. ebd., S. 57.
106. ebd., S. 60.
107. ebd., S. 60.
108. ebd., S. 61.

109. ebd., S. 24–25.
110. ebd., S. 67.
111. ebd., S. 69.
112. ebd., S. 70–71.

Die „Dritte Welle“ in Deutschland

1. „Gemeindewachstum“, a.a.O., Nr. 24, S. 17.
2. ebd., S. 17.
3. F. Schwarz: „Ich verweigere mich“, Aussaat und Schriftenmissionsverlag, Neukirchen-Vluyn 1985, S. 48.
4. ebd., S. 6.
5. ebd., S. 21
6. „Gemeindewachstum“, a.a.O., Nr. 21, S. 25.
7. F. Schwarz: „Überschaubare Gemeinde“ Bd.1, a.a.O., S. 11.
8. F. Schwarz: „Überschaubare Gemeinde“ Bd.2, a.a.O., S. 99–100.
9. F. Schwarz/Chr. Schwarz: „Theologie des Gemeindeaufbaus“, Aussaat und Schriftenmissionsverlag, Neukirchen-Vluyn 1984, S. 274.
10. F. Schwarz: „Ich verweigere mich“, a.a.O., S. 26–27.
11. „Gemeindewachstum“, a.a.O., Nr. 32, S. 7.
12. ebd., Nr. 30, S. 4.
13. W. Kopfermann: „Charismatische Gemeinde Erneuerung“, Hamburg 1981, S. 53.
14. ebd., S. 54.
15. „Rundbrief“ Nr. 30, Hamburg 1988, S. 33.
16. W. Kopfermann, a.a.O., S. 16–17.
17. ebd., S. 25.

„Power Evangelism“ – eine biblische Beurteilung

1. J. Wimber/K. Springer: „Vollmächtige Evangelisation“, a.a.O., S. 108.
2. ebd., S. 115–116
3. ebd., S. 45.

Schlußfolgerungen

1. C.P. Wagner: „Der gesunde Aufbruch“, Simson, Lörrach 1989, S. 20
2. Charisma, Düsseldorf 76/1991, S. 5
3. ebd., S. 4
4. ebd., S. 5
5. „Das Zukünftige wird er euch offenbaren“, Bernard, Lüdenscheid, S. 25–27
6. Reformation Banner, Singapore 1990, S. 13
7. Zit. in F. Holmes: „R.C. Chapman, CVD, Dillenburg 1989, S. 103
8. C.P. Wagner: „Der gesunde Aufbruch“, a.a.O., S. 59
9. ebd., S. 75
10. C-Magazin, Ravensburg 1/89, S. 1
11. Gemeinde-Erneuerung, Hamburg 39/1991, S. 32
12. Charisma, Düsseldorf 55/1987, S. 11
13. Reformation Banner, a.a.O., S. 30
14. J. Wimber/K. Springer: „Vollmächtige Evangelisation“, Projektion J, Hochheim 1986, S. 161
15. C.P. Wagner in R. Bonnke: „Wenn das Feuer fällt“, Leuchter, Erzhausen 1991, S. 5
16. ebd., S. 4

Wolfgang Bühne

Spiel mit dem Feuer

Die „drei Wellen des Heiligen Geistes“ – Pfingstbewegung – Charismatische Bewegung – – „power evangelism“

CLV, Pb., 288 S., DM 14,80

Im ersten Teil dieses Buches wird die Geschichte der sog. „drei Wellen des Heiligen Geistes“ dargestellt, wobei besonders die Entwicklung in Deutschland berücksichtigt wurde.

Der zweite Teil bietet eine Darstellung und biblische Beurteilung der wichtigsten Lehren und Praktiken innerhalb dieser Bewegungen: Geistestaufe, Zungenreden, Handauflegung, „power evangelism“, „Ruhen im Geist“, „Positives Denken“, Visualisierung, Evangelium und Wohlstand, Befreiungsdienst und „Geistliche Kampfführung“.

Abschließend wird im letzten Teil des Buches eine biblische Alternative aufgezeigt. Ein Personen- und Sachregister machen dieses Buch zu einem aktuellen Nachschlagewerk über eine Bewegung, die den Anspruch erhebt, die größte Erweckungsbewegung der Kirchengeschichte zu sein.

Dave Hunt/T.A. McMahon:

Die Verführung der Christenheit

CLV-Paperback
248 Seiten, DM 13.80

Die Bibel stellt eindeutig fest, daß es vor der Wiederkunft Christi einen großen Abfall vom Glauben geben *muß*. Heute werden Christen von einer neuen Weltanschauung angezogen, die suptiler und verführerischer vorgeht als alles, was die Welt bisher erlebt hat.

Worin bestehen die Gefahren, wenn

- das positive Denken und das Denken in Möglichkeiten
- die Heilung durch Erinnerung
- die Selbsthilfe-Philosophien
- die holistische Medizin

in wachsendem Ausmaß akzeptiert und praktiziert werden?

Die Verführung der Christenheit wird nicht als ein Frontalangriff oder eine brutale Unterdrückung unserer Glaubensüberzeugungen auftreten. Sie wird vielmehr als eine neue, verheißungsvolle »Weltanschauung« daherkommen und uns ein glücklicheres, gesünderes, gebildeteres, ja sogar geistlich tiefgehenderes Leben versprechen.

Dieses Buch bietet eine illusionslose Sicht der Zeit, in der wir leben. Es ist ein klarer Ruf an jeden Gläubigen, sich für das Original und gegen die Fälschung zu entscheiden. Nur dann können wir damit rechnen, daß wir vor der Verführung der Christenheit bewahrt bleiben.

Dave Hunt:

Rückkehr zum biblischen Christentum

CLV-Paperback
304 Seiten, DM 15.80

Mit dem Bestseller »Die Verführung der Christenheit« hat Dave Hunt viele Christen mit unleugbaren Tatsachen konfrontiert. Damit wurde eine Auseinandersetzung in vielen christlichen Kreisen ausgelöst, die einerseits dankbar als notwendige Reinigung der Kirche begrüßt und andererseits als gemeindespaltend verurteilt wurde.
In diesem neuen Buch zeigt Dave Hunt, wie man der Verführung widerstehen kann und untersucht gründlich die biblischen und historischen Grundlagen fundamentaler Lehren und Praktiken innerhalb der Christenheit.
Mit großer Sachkenntnis zeigt der Autor die schädlichen Folgen auf, die besonders aus der Vermischung von Psychologie und christlichem Glauben resultieren und zu einer Aushöhlung und Umdeutung des biblischen Glaubens geführt haben.
Dieses herausfordernde Buch ist ein eindringlicher Ruf, den einzigen und wahren Schutz vor Verführung und Abfall zu erkennen: Die Rückkehr zu biblischen Grundsätzen und ein Leben des Gehorsams und der Hingabe an Jesus Christus.